世界中のトップエリートが集う禅の教室

川上全龍
妙心寺春光院副住職
マインドフルネス講師

協力／石川善樹
予防医学研究者

角川書店

世界中のトップエリートが集う禅の教室

川上全龍

協力：石川善樹

構成／櫻井拓
図版／白金正之（有限会社ザップ）
装丁／舘山一大

はじめに

「禅の教室」へようこそ。私が講師を務める禅僧・川上全龍《かわかみぜんりゅう》です。私の実家であり、現在副住職として勤める春光院《しゅんこういん》は、京都の花園《はなぞの》にある臨済宗妙心寺《りんざいしゅうみょうしんじ》派の総本山・妙心寺の境内にあります。春光院は禅の思想家の久松真一《ひさまつしんいち》が居候し、彼の友人であり、世界に禅文化を広く知らしめ、今なお人気の高い鈴木大拙《すずきだいせつ》がたびたび訪れ、議論した寺でもあります。

　私はそのようなお寺に五代目として生まれ、高校を出てすぐにアメリカのアリゾナ州立大学に留学し、７年半、心理学と宗教学を学びました。その経験を活《い》かし、日本に戻ってきた２００６年から英語で座禅会を開催しています。その後口コミやメディアに取り上げていただいたりすることで情報が広がり、今では世界中から年間５０００人ほどに訪れていただけるようになりました。

　座禅会を始めた当初と比べると、近年は徐々に来てくださる外国人の方たちに変化が出てきました。最初は日本観光の一環として来る外国人などが多かったのですが、だんだんと、世界のトップ企業の経営者や、ハーバード大学、スタンフォード大学、マサチューセッツ工科大学、ペンシルバニア大学のウォートン・スクールなど、世界の名門大学のビジネススクールに通う学生たちが座禅を体験しに来るようになりました。座禅会にいつの間にか世界のトップエリートが集うようになってきたのです。

世界的に成功している経営者の中にも、実は禅や瞑想《めいそう》を学んだり実践したりしている人はたくさんいます。いちばん有名なのはアップルのCEOを務めたスティーヴ・ジョブズでしょうか。その他にも、ツイッターの創業者のエヴァン・ウィリアムズや、世界最大のヘッジファンドの一つであるブリッジウォーター・アソシエイツのCEOを務めるレイ・ダリオ、世界有数の医療機器メーカーであるメドトロニックのCEOを務め、今はハーバード大学のビジネススクールの教授をしているビル・ジョージなどがいます。

そもそも春光院で座禅会を始めたのも、ベンチャーキャピタリストとして、インテルやゼロックスの創業を支援したマックス・パレフスキーが、ロサンゼルスの友人を通じて座禅を体験したいと言って来てくれたことがきっかけです。

では世界のトップエリートたちはなぜ今、禅や座禅に興味を持ち、実践しようとしているのでしょうか。その背景にあるのは、「マインドフルネス」というものの世界的な流行です。読者のみなさんは、マインドフルネスという言葉をご存じでしょうか？

マインドフルネスという言葉はまだ新しい言葉で、分野や人によって説明のされ方もさまざまなのですが、マインドフルネスの提唱者であり、研究の第一人者であるジョン・カバット・ジン博士の定義では、「今ここでの経験に、評価や判断を加えることなく、能動的に注意を向けること」です。概して、自分の内面で起こっていることに気付き、それを客観的に見つめなおすことで心のコンディションを調え、より自制心や創造性を発揮しやすい状態を作るエクササイズのことを同時に指します。とりわけ仏教、中でも上座部仏教や禅宗が行ってきた瞑想を、最新の脳科学の知見などを踏まえて現代に合うように作りなおした瞑想のトレーニングのことを言います。

その背景には1990年代以降に、脳科学や心理学の研究により、瞑想が自己や状況の客観的な思考、自制心、継続力や、他者への共感力の涵養《かんよう》に役立つことが明らかにされてきたことがあります。その結果ビジネスにおいても、マインドフルネスを取り入れることでより高いパフォーマンスを獲得しようと、経営者やビジネススクールなどのトップエリートたちが瞑想を行うようになってきたのです。

マインドフルネスを企業として、人材開発のために、はじめて本格的に研修に取り入れたのがグーグルです。グーグルが近年創ったSIY（Search Inside Yourself）という人材研修プログラムは社内外で大きな話題と人気を呼び、グーグルは徐々に社外の人へ向けてもそのプログラムを行うようになっています。その結果、多くの経営者やビジネスマンがマインドフルネスを体験し、その有効性を実感しました。グーグルの活動がきっかけとなり、マインドフルネスは世界のビジネスの領域で、爆発的に広がってきています。それに伴い、禅そのものに関する注目度も高まっているのです。

世間で禅と言われるものには、大きく二つの意味があります。マインドフルネスの文脈につながるような「座禅」というのが一つ目です。座禅――本書ではほとんど瞑想と同義で使います――はマインドフルネスの中心を成すもので、心を落ち着かせ、自己認知力や思考の客観性を鍛えることに役立ちます。海外の方には、このような禅が持つ意味について「living in a moment」と説明しています。つまり、いまを大切にし、その一瞬において、パフォーマンスを最大限に発揮するためのトレーニングが座禅だというわけです。

禅の二つ目の意味は、禅宗的な考え方のことです。現在のマインドフルネスや、その分野に関連した心理学や脳科学の権威と呼ばれるアメリカの教授たちの多くが、実は若い頃にヒッピーの思想を目の当たりにしたり経験したりしています。1960年代に一大トレンドとなったヒッピー思想は、それまでのアメリカ社会のキリスト教的な価値観とは違う価値観を求めるものでしたが、その時に重要な参照源となったのが、東洋思想であり、日本の禅の考え方でした。

2008年のリーマン・ショックに直面し、多くの欧米の人たちが、自分たちの社会をこれまで駆動してきた実践主義（プラグマティズム）や勤労主義という考え方では、これからの経済や社会は立ち行かないことを自覚しました。そこで、ヒッピーの時代に禅が参照されたのと同じように、現在あらためて、西洋とは違う思想や価値観を求める文脈で、禅に注目が集まっています。

そうした禅宗的（仏教的）な考え方の根本を、私は海外の方に「no subjectivity」だと説明しています。つまり、あるがままの状態を把握するために、主観を排すということです。禅と西洋思想との大きな違いは、仏教では物事の絶対的な善悪を決めつけず、善悪はあくまで人間の頭の中の事柄、相対的なものだと考えるという点にあります。そして、その考え方自体が、世界で改めて注目を浴びているのです。

企業も個人も、自己実現や勤労こそが成果を生むと信じられていた価値観が揺らぐ中で、ビジネスにおいても、社会の問題を解決しようという利他の精神――CSRという概念の普及や、社会起業家の増加に代表的です――や、社員の幸福を実現するための他者への共感といったものが重視されるようになってきています。現代の社会において禅を行い、禅的な考え方を学ぶ目的は、自らをあるがままに受け止めるようにする訓練を行い、最終的に利他や共感の能力を培い、その能力を個人から社会へと浸透させていくことで、世界を人間が幸福に生きることができる世界に変えていくことにあります。

一方で、残念なことに、今世界的に普及しているマインドフルネスの大きな源流にあるものに日本人は古くから親しんできたにもかかわらず、日本ではマインドフルネスが、ほとんど紹介も導入もされていません。さらに、自己のコンディションを調えることで、客観的で柔軟に物事を考えることができる良さは日本人の文化に元々あったはずなのですが、今はそれが強みであるということを忘れているように感じます。私が改めてみなさんに禅を伝えたいと思うのには、自国に元々あったものの良さをもっと知っていただきたいという思いもあります。

さて、本書の構成を説明します。

本書は全部で三部から構成されています。

第一部では、現在、世界で禅が注目を集めている状況を解説します。グーグルがきっかけとなり世界のビジネスリーダーたちが禅に目を向けた経緯や、そもそもマインドフルネスとは何か、そして禅がなぜビジネスに効くのかを科学的知見も交えてお話しした上で、日常生活に禅をどのように取り入れるかをご紹介します。実際に私が春光院で行っているレクチャーに加え、企業研修やセミナーで行っている茶道とおもてなしも織り交ぜながら、日々のパフォーマンスを向上させる禅の知恵をお伝えします。

第二部では、日本においては禅が誤解されているという状況と、その状況の中でどのような新しい伝え方で禅を教えているかをお話しします。禅について「厳しい」や「難しい」という思い込みがあること、伝統文化の形式主義には限界があり、今の人に伝えるためには科学的知見を使うことも必要であること、姿勢やリラックスの科学的重要性や、そもそも禅や仏教はどういう考え方なのかなどです。

第三部では、私自身が禅を実践としてどうとらえ、活動しているかについて述べます。

英語で座禅会を始めたきっかけや、座禅ではなぜ足を組むのか、瞑想という言葉の元々の意味などを知っていただいたうえで、読者のみなさんに実際に座禅を行っていただきたいと思います。LGBT問題や私が実際に行っている同性婚の支援活動、チベット弾圧の問題についても意見を述べています。そして、これらの活動には私が禅で学んだ精神が根底にあること、そして、いま宗教家が社会問題に対して発言する意義についての考えを述べます。そして最後に、日本における仏教の役割と、禅が培う共感こそが人間の最大の幸せに直結するのだ、ということをお話しします。

また本書における科学的な知見については、企業研修などをご一緒させていただいている、ハーバード大学で予防医学を研究された石川善樹《いしかわよしき》さんに教えていただいているものが、かなりあります。

石川さんは国内外で健康科学や心理学を学ばれる中でマインドフルネスの研究もはじめ、そのうちに宗教的な知見も必要だと考えられ、私に声をかけてくださいました。石川さんと私は、2015年11月にリリースした日本国内初の本格的マインドフルネス・アプリのMYALO（ミャロ）の監修も共同で行っています。石川さんは他にも世界陸上選手権において銅メダルを獲得されている為末大《ためすえだい》さんや、ロサンゼルス・ドジャースの選手の体のケアを行っていた友広隆行《ともひろたかゆき》さんといった身体科学のプロフェッショナルの方々と共に、世界最高の職場環境を目指すリクルートメディアテクノロジーラボやDeNAといった企業における社会人のパフォーマンス向上のためのセミナーをされていて、私もそのプログラムの中でマインドフルネスについての話やワークショップを行わせていただいております。宗教と科学とは対立するものだと思われていた時代は終わりつつあり、人間の幸せ、生き方をめぐって、宗教という精神的な分野とスポーツという身体的な分野、そして科学が知恵を出し合う時代が来ているのです。

さあ、それではさっそく禅についての講義をはじめましょう。

第二部　世界から注目される禅の思考　105

第一部　海外のトップエリートが禅に注目する理由

第一章　ビジネスリーダーが禅に取り組む時代

グーグルが人材開発にマインドフルネスを取り入れた

禅、特に瞑想をトレーニング化した「マインドフルネス」が、いま海外のトップエリートたちの注目を集めています。マインドフルネスの世界的な普及の背景には、グーグルの活動があります。近年グーグルは、マインドフルネスを取り入れた、SIY（Search Inside Yourself）という能力開発プログラムを行っています。元々SIYを創ったのはチャディー・メン・タンというグーグルの創成期のメンバーです。彼がマインドフルネスに非常に興味を持って、人材の能力を向上させて会社をよりよくするための試みを始めました。それが２００５年のことです。

その後ＳＩＹがマーク・レッサーを呼び寄せて、ＳＩＹのリーダーシップ・インスティテュート（Leadership Institute）を創り出しました。略してＳＩＹＬＩと呼ばれるものです。それが２０１０年に始まりました。

マーク・レッサーは私の友人でもあるのですが、ニューヨーク大学のＭＢＡ（経営学修士）を持っているという異色の経歴を持つ禅僧です。スティーヴ・ジョブズが通っていたことで有名になったサンフランシスコの禅センターで10年間トップを務めた後、再生紙を利用したポストカードやレターを作るブラッシュ・ダンスという会社を創設します。そして禅の考え方や禅を通じて得た経験を、さまざまな形でビジネスに実際に活用しています。

グーグルにマインドフルネスを導入したチャディー・メン・タンやマーク・レッサーは、フォード・モーター、ＳＡＰ、ＢＡＥシステムズなど、いろいろな場所で講演を始めました。そして、それが人気を博すようになります。その後、多くの企業が瞑想《めいそう》の効用に気付き、ビジネスに取り入れはじめた、というのが海外での瞑想・マインドフルネスのブームの背景です。

ただ、それ以前にもすでに、瞑想を日常生活に取り入れているCEOが実はたくさんいたのです。代表的な人物は、世界最大のヘッジファンドであるブリッジウォーター・アソシエイツのCEOを務めるレイ・ダリオや、世界有数の医療機器メーカーであるメドトロニックのCEOを元々務めていて、今はハーバード大学のビジネススクールの教授をしているビル・ジョージなどです。彼らのようなトップエリートたちも、実は自分たちも瞑想をやっていたのだと、だんだんと公言するようになってきました。

なお、チャディー・メン・タンは、このプログラムの最終目的として、世界平和を掲げています。「一企業の人間が世界平和?」と驚かれるかも知れませんが、至ってまじめな考えです。彼の目論《もくろ》みはこうです。まずグーグルという企業の莫大《ばくだい》なネットワークを使って、瞑想を広めます。後に述べるように、瞑想により人間の幸福度が高まるということが実証的に解明されつつあります。そのため、チャディー・メン・タンは、瞑想をすることによって人間の幸福度も上げることができるし、それによって人間個人も良くなり、人間同士の関係も良くなる、そのことで社会が良くなり、社会が良くなると各国も良くなる、ひいては世界も平和になる、こういった構想を掲げたのです。非常に高《こう》邁《まい》な理想で、いわゆる自己実現だけを過剰に追い求めたり、自己の利益の最大化だけを考えたりするような考え方とは明確に一線を画しています。

成功につながるのはＩＱよりＥＱ

チャディー・メン・タンは元々エンジニアです。エンジニアである彼がなぜこのようなプログラムを開発したのか。それには、マシュー・リカードというチベット僧との出会いが影響しています。

マシュー・リカードは瞑想についての研究に協力し、脳の状態を測定されたことがありました。現在は脳科学の発達により、脳内の幸福度を測定することができます（前頭前皮質と呼ばれる場所の、右側の部位に対する左側の部位の相対的な活性化をはかります）。マシュー・リカードの数値を測ると、驚くべきことにチャートが振りきれてしまったのです。そのことにより彼は、科学が測定したうちでもっとも幸せな人間、「世界で一番幸せな男」と呼ばれたりもします。

このことを知ったチャディー・メン・タンは、なぜマシュー・リカードがそんなに幸せなのかを調べました。そして、彼が思いやりの気持ちで瞑想していたことを知ります。

いたのです。

彼は他人を思いやること、利他の心を持つことで、自らの非常に幸せな状態をつくって

思いやり、利他の心は人にとって決して苦痛ではない、それどころか幸せを創り出す

——この発見はチャディー・メン・タンにとって目から鱗の発見でした。

彼は昔から世界平和に貢献したいと考えていたようですが、マシュー・リカードの事例を知ることで、その目標に対し、新しいアプローチを考え出します。思いやりが苦痛であれば、よっぽどの聖人でない限り、進んで実践しようとはしない、けれど思いやりが楽しいものであればきっと人は率先してやりたがる、ゆえに、世界中に思いやりを広げるには、思いやりとは実は楽しいものなのだ、直接幸福に結びつくものなのだ、そういったことを伝えていけばいい——そういう考えに至ったのです。

さらに、チャディー・メン・タンを勇気づけたのが、この思いやり、共感力というのは、ビジネスにおける成功にもつながるという研究です。

かつては社会的成功のために最も重要視されていたのは知能指数、いわゆるＩＱ(Intelligence Quotient)でした。ところが、人間の成功のためにあまり貢献していないことが、研究によって明らかになったのです。

それを明らかにした代表的な研究の一つが、スタンフォード大学で心理学者をしていた、ルイス・ターマン教授によるものです。ターマンは20世紀の中頃から活躍を始めた、第二次世界大戦前後の時期を生きた人です。彼は1000人以上（1928年の段階で1528人）の天才児、すなわちIQの高い子どもを集めて、彼らを80年かけて継続的に観察しつづけることにしました。観察の途中でターマン自身は亡くなってしまうのですが、他の研究者が引き継いで2010年頃まで観察は行われていました。そして、ターマンが集めた天才児たちは、社会で思ったようには成功していないことがわかったのです。

そのような研究結果を受けて、人間が成功する要因は知能指数以外にあるのではないか、という考えが出てきます。その流れの中で、心理学者のダニエル・ゴールマン教授が新しい概念を提唱します。それが、「EQ（Emotional Intelligence Quotient、心の知能指数）」です。性格や共感する能力こそが、社会的成功のためには重要であることを説き、彼の著書『EQ』は日本でもベストセラーとなりましたので、言葉自体は知っている方も多いと思います。

しかも、IQはどんなに頑張っても10歳頃には決まってしまい、それ以後はあまり変わらない一方で、EQは年齢に関係なくトレーニングにより向上させられるということがわかってきました。グーグルのSIYは、自己認識・自己制御・モチベーション・共感・コミュニケーションの五つの要素に着目した「心と思考力」を科学的アプローチで強化するプログラムです。これらの五つの要素はいずれもEQを構成するものです。

そして、EQのこれらの要素を高める上で、瞑想というものが有効だということも知られるようになっていきました。その結果、グーグルを飛び出し、世界中のさまざまな企業でマインドフルネスが採用されはじめているのです。

ハーバードビジネススクールの学生が禅を学びに来る

以上のようなビジネスの潮流に影響を受けて、禅や瞑想に興味を持つエリートたちが増えてきました。そして、私が勤める春光院にも、ハーバード大学のビジネススクールの学生が座禅を体験しに来るようになりました。他にもMIT（マサチューセッツ工科大学）や、ペンシルバニア大学のウォートン・スクール、IESEビジネススクールといった、世界トップレベルのビジネススクールの学生がこれまでに訪れています。

ハーバード大学のビジネススクールの学生はジャパン・トレックと呼ばれるプログラムを通じ、ここ5年間私の禅の教室を訪れていますが、その間にも学生たちの考え方が変化してきています。当初は、「禅は日本の伝統文化を代表するものの一つだから体験しよう」という意識に目が向いているように感じていましたが、ここ2年ほどは、本場で瞑想を身につけよう、禅宗のコンセプトを学んで自らのビジネスに活《い》かしていこう、という強い意志が伝わってきます。これは、２０１０年頃を境にアメリカの中でマインドフルネスという言葉が使われはじめたこと、特に２０１４年頃からは、アメリカの大手メディアでもマインドフルネスが取り上げられはじめたことと関係があると考えています。

　もちろん、マインドフルネスに興味を持っているのは、主にビジネスの世界で成功を目論む起業家たちです。しかし、彼らの多くは単に社会的地位や金銭的成功だけを追い求めるような人たちではなく、言わば世の中にある様々な問題を解決していくためにビジネススクールやメディカルスクールに通ってきたような人たちです。先ほども申し上げたように、レイ・ダリオやビル・ジョージ、ツイッターの創業者であるエヴァン・ウィリアムズといった、社会を変えようとして会社を経営している人たちこそが、いま瞑想に興味を持っているのです。

実際に禅の教室に来たハーバード大学のビジネススクールの学生たちは、禅を通じて、東洋思想的な考え方、あるいは自分たちの西洋的な考え方とは違う価値観を学びたいといいます。ある一つの考え方しかできない人間はどこかでつぶれてしまうということを、彼らはビジネスの現場や歴史から学んでいるわけです。

日本でも、CSR（Corporate Social Responsibility、企業の社会的責任）という言葉が言われるようになりました。企業は利益を追求するだけではいけない、組織活動が社会へ与える影響に責任を持たなくてはいけない、という考え方です。それが過去10年で世の中のビジネスのあり方を大きく変えてきています。そして、その流れがマインドフルネスの普及にも影響しています。会社の経営者として、自分が世の中にどんなインパクトを持っているのか、どういうふうに世の中を改善できるのか。リーマン・ショックの元になったサブプライムローンのように、時に人を騙《だま》しても儲《もう》けてやろうという方向性から、多くのビジネスパーソンが抜け出しつつあります。ただ儲けるだけではなくて、消費者、ひいては社会を良くしていかないと、会社も残っていかないし、良い経済も保てない。そういうことに多くの人々が気付き出しているのです。

教育や医療でもマインドフルネスが活用されている

現在言われているマインドフルネスの考え方が最初にできたのは、１９７０年代後半です。提唱者の名前は、ジョン・カバット・ジン。彼はマインドフルネス・ストレス低減法（ＭＢＳＲ、Mindfulness Based Stress Reduction）というストレス対処のための瞑想を中心としたプログラムをつくり、マサチューセッツ大学のマインドフルネス・センターの創設者兼所長を務めています。

その後しばらくは大きな発展はなかったのですが、１９９０年代中頃に転機が訪れます。ｆＭＲＩが普及して、脳のスキャニング・テクノロジーが一般的になったのです。ｆＭＲＩを使用することで、脳のどの部分がどういう状況のときにはたらいているのかが目で見えるようになりました。それによって脳科学が飛躍的に進歩しました。

そして、科学者も宗教的なものを積極的に研究しようという気運が高まっていきます。日本では、オウム真理教《しんりきょう》による事件の影響もあってか、「瞑想＝怪しい」というイメージや、それに限らず宗教と科学が結びついたものに対し、どこか「霊感商法」的なうさんくささを感じる風潮があります。もちろんアメリカにおいても精神的なもの、スピリチュアルなものを非科学的だと受け止めている人は少なくありません。しかしアメリカ社会として見た場合には、日本社会のような宗教へのアレルギーに近いような反応はありません。その結果、宗教家と脳科学研究者の共同研究が始まりました。

たとえばリチャード・デイヴィッドソンという、ウィスコンシン大学の教授がいます。ダライ・ラマ14世は90年代に様々な科学者にアプローチしていますが、その中でも真っ先に共同研究を始めた人物です。ウィスコンシンには亡命チベット人が多く住んでおり、科学者がチベット僧たちに接する機会が元々多い地域でした。その後、スタンフォード大学、カリフォルニア大学のロサンゼルス校、サンディエゴ校、サンフランシスコ校などの有名大学でも禅や瞑想についての研究が広まっていきました。

禅や瞑想に関する研究も、近年急激に増えてきています。21世紀当初は非常に少なく、2003年の段階で、1年間の論文数は50件に満たないぐらいだったのですが、2013年の段階では、1年間で470〜480ほどの数の論文が発表されるようになっています。

研究の数が増えていくと、より信憑性《しんぴょうせい》の高い実験が出てきます。瞑想の効果について、小さい実験が個別にあるだけでは、一つひとつの研究が言っていることが違ってきます。例えば、卵に対して、卵は栄養が豊富で健康に良いと言う人も、コレステロールが高いから健康に悪いと言う人もいますよね。結局それぞれの立場の人たちが、一つひとつの個別の実験を見て、それぞれ主張しているわけです。

けれども研究の数が増え、大規模の実験がたくさん行われるようになってくると「メタ・アナリシス（meta-analysis）」ができるようになります。つまり、個別の実験を何個も集めて、それらをもう一度総合的に分析した上で、より信憑性の高い結論を述べることが可能になってきたのです。

そのような状況になってくると、企業も、これだけデータがあるのだからマインドフルネスは使えるのではないか、と考えるようになります。企業が活用し出すことで、研究にお金がかけられるようになり、さらに様々な実験ができるようになってくる。そして企業だけではなく、教育や医療の分野などでも現在マインドフルネスを活用していこうという試みが広がってきています。

教育分野では、アメリカにおいて、日に1〜3回、生徒に瞑想を行わせる時間を取り入れている学校があります。そうすることで、生徒が暴力を振るったり、あるいは暴言を吐いたりする割合が減ったといいます。また、自制心を鍛えることにもつながりますので、遊びたい気持ちを抑えて勉強に集中する準備が整います。その結果、成績の向上がする効果も出ています。

医療分野でも、瞑想は鬱病《うつびょう》や躁鬱病《そううつびょう》、ＰＴＳＤ（心的外傷後ストレス障害）の治療にも使われています。また痛みに対しての対処法として取り入れられています。

たとえば末期がんの患者は、長い間痛みと付き合っていかなくてはなりません。西洋医学では、元来痛みに対する対処の手段として痛み止めの薬を与えるしかありませんでした。けれども痛みに対して痛み止めで対処することには限界があります。しかし瞑想の習慣化を通じて、痛みにとらわれず、痛みのないときに集中を向けられるようになります。つまり、痛みに対する対応が上手《うま》くなるわけです。また、ストレスを減らすことも痛みへの対処においては重要なので、その点でも瞑想は効果的な手段です。

マインドフルネスによる効果の例

- **脳の活性化**

（ウィスコンシン大学リチャード・デイヴィッドソン博士、
ハーバード大学サラ・レーザー博士ほか）

- **免疫力の向上**

（ウィスコンシン大学リチャード・デイヴィッドソン博士）

- **燃え尽き症候群の低下・逆境力の向上**

（ローチェスター大学ロナルド・エピスタイン医師）

- **テロメアの維持**

（カリフォルニア大学サンフランシスコ校エリッサ・エペル博士）

- **共感力の向上**

（サンタクララ大学シャウナ・シャピロ博士）

西洋人が注目しはじめた東洋的な考え

そして、マインドフルネスというトレーニングだけではなく、その根源にある東洋的、あるいは仏教的な思想も重要なものとして注目を浴びはじめています。その背景には西洋的な価値観で世界が動いていくことに対する行き詰まりが生まれたことがあります。

今までの欧米を中心とした西洋世界は、勤労主義を重視していて、自分を苦しめてでも努力をすることを美徳としていました。プレッシャーに耐えて、懸命に努力してこそ何かが摑《つか》めるのだというものです。これはキリスト教、特にプロテスタント的な考え方に親和性があります。19世紀に活躍した「社会学の父」とも呼ばれるマックス・ウェーバーは、その代表的な著書『プロテスタンティズムの倫理と資本主義の精神』において、プロテスタント的な考え、つまりは自分を追い込んで、苦しみの中で成功を勝ち取ることこそが美徳だという考え方が、近代的な資本主義を駆動させてきたことを論じています。

これまでの西洋近代的な社会を動かしてきたもう一つの考え方は、実践主義（プラグマティズム）です。世の中の事象を有益か否かに分け、実利を突き詰めることが善であるという考え方が、20世紀のアメリカの発展を支えてきました。しかし2008年のリーマン・ショックで、その実践主義が壁にぶち当たりました。その時に、何か自分たちとは違う考え方が必要なのではないかと思う欧米の人たちが増えてきたのです。それで自分たちとは違う思想や文化に目を向けるようになり、仏教的な考え方、あるいは東洋的な思想も重要ではないかと考える人たちも生まれます。仏教の思想には、プロテスタント的な思想と相反する部分があります。実践主義に拠って個別事象の有益さにより行動選択するのではない考え方、つまり、物事は複雑に繋《つな》がり、様々な影響を与えていることを受け止める考え方――仏教の言葉でいう「空《くう》（一如＝自も他もない、すべては一つだという考え方）」――が求められているのです。

加えて、ビジネスの性質の変化もあります。先進国の企業のビジネスは、以前のように社員にプレッシャーを与えれば、与えるほど結果が出るというものではなくなっています。「ワーク・ライフ・バランス」が叫ばれるように、むしろ、働いている人間が精神的にゆとりある状態でなければパフォーマンスも発揮できないし、会社も機能しないという考え方に目が向けられています。そこで人の幸福を重視し、極端な善悪ではなく、中道を重視する考え方が出てきました。経営者が、自分や社員を良い状態に持っていくことで会社もうまく機能していくし、会社を支えている家族やコミュニティともうまく機能していく。これが21世紀の新しいテーマになってきています。マインドフルネスの浸透は、世界がそのことに気付き出しているということを意味しています。

現代の日本人が見失っている日本的な考え方の強み

いっぽうで、日本がどんどん元来日本の中にあった寛容さやおおらかさといったものを忘れている時代のように思えます。むしろ、日本こそが、資本主義主導の過度な勤労・勤勉の社会になっていないでしょうか。たしかに日本社会には元々勤労や勤勉を尊ぶ文化があります。しかし今は、「ブラック企業」や「社畜」といった言葉が自虐的に発せられ、またそれらの言葉が人口に膾炙《かいしゃ》するくらい、自分を苦しいところまで追い込んで仕事をしなくてはならない、そういった強迫観念が蔓延《まんえん》しているように感じます。

しかし、邪念や焦って視野が狭くなっているような状態では、自らの問題に対峙《たいじ》できず、苦しみの原因にたどりつけないと仏教では考えます。

だからこそ、現代日本人の苦しみを取り除くためには、まず自分の精神状態を調えることが必要です。禅において、「調身・調息・調心」という言葉があります。これは姿勢と呼吸を調えることで、精神を調えることができるということを意味します。つまり、座禅というのは、自分を調える一種のトレーニングでもあり、この側面をより強化したものが、今日のマインドフルネスの根幹になっています。

自分を見つめられないと行き詰まることも増えますし、また人とのコミュニケーションにおいてもトラブルを招きがちになります。実際、脳科学の研究において、自己認知と共感を、脳の同じ部分——島皮質（insular cortex）と呼ばれます——が司《つかさど》っていることが明らかにされました。同じ部位が司っている以上、自己認知ができない人間は、他者に共感するような能力が高いはずがないということです。

今、世界では、利他という概念がとても重要になってきています。自分たちの利益だけではなくて、他人の利益を考えられる企業こそが成功し、生き残ることができる、このような考え方が徐々に浸透しはじめています。しかし利他を行うには共感が必要ですし、共感をするには自己認知能力が必要になります。だからこそ、まず自分を見つめなおすこと、その術《すべ》を身につけることが課題となっているのです。

金融危機を経て世界は新しい価値観を求めている

先にお話ししたように、リーマン・ショックの後、とりわけ世界は新しいアイデンティティや価値観を強く必要とするようになりました。アメリカではリーマン・ショックについて、ファイナンシャル・メルトダウンという表現が使われます。つまり、あの出来事は、金融中心の資本主義社会が融解して底が抜けた感覚、壁にぶち当たってしまった感触を強くアメリカの人々に印象付けました。それまでずっと資本主義を駆動してきた勤労主義と実践主義が、機能しなくなりつつあるという認識が広がっています。

もう一つ、近代の西洋社会で強く叫ばれてきた言葉に「自己実現」という言葉があります。日本の戦後以降の教育でも自己実現がメインテーマとして掲げられ「自分のため」を重視する価値観が浸透しています。しかし自己実現というのは、自分のゴールに向かって、自分をどれだけ高められるかということであり、結局は自己中心的な考え方です。

そのようにして、多くの人々が自己実現すべく努力していると、結果として、自己実現のためならば手段を選ばなくなります。その最たる例が、リーマン・ショックの引き金となったサブプライムローンだと理解されています。サブプライムローンの仕組み自体の是非は措《お》きつつ、ごく単純に言えば、嘘をついても金儲けをしてやろうという人たち、あるいはそういう人間の功利的な部分が、事態を引き起こしたということはできるでしょう。私が留学をしていた2000年代前半のアメリカ社会には、たしかに時に嘘をついてでも、儲かることが正義であるという雰囲気が強くありました。

しかしそれが、ファイナンシャル・メルトダウンで一気に崩れます。崩れてしまって、今までの生き方ではダメだということになります。それでどうしようと考えたときに、西洋は、東洋的な発想に目を向けました。具体的に言えば、仏教的な概念「空（一如）」や、「Well-Being」というコンセプトです。

幸せの科学は Happiness から Well-Being へ

石川さんによれば、海外の人間の幸せについての研究の最前線は、Happiness から Well-Being に移行しつつあるといいます。

Well-Beingというのは、幸せは幸せでも、一時的な幸せではなくて、継続的な幸せのことです。万人に共通する人間という種が持つ快楽や、個々人のある種の絶対的な幸せというものを追い求めようとするのが「Happiness」だとすれば、いまある毎日をよりよく生きること、そして継続的な幸せが生まれるメカニズムや幸福感が生まれる社会を研究していこうというのが、「Well-Being」です。そして、その延長線上として、他人を幸せにすることや、家族や人とのつながりにもう一度目を向けるようになります。これは自己実現から利他へという理念の転換を意味します。そして、自分のことを考える幸せのあり方から、周囲も含め皆で幸せになっていこうという考え方とつながります。

それはある意味で、とても人間的な思想です。人間の本質に対して注目が行くわけですから、第二のルネッサンス的な雰囲気ということもできるでしょう。今この人間的なムーブメントの中に入ってきている人には、脳科学者だけでなく、宗教家や哲学者もいます。「Contemplative Thinking」と呼ばれる分野があるように、生き方や人のつながりなど、人間としての深い部分を考えてみようという流れがあるのです。

石川さんが私に声を掛けてくださったのもそういった文脈にあります。マインドフルネスは、行動科学や脳科学での研究が盛んですが、科学的アプローチだけでは超えられない壁があります。また、ここで脳科学だけが突っ走れば、従来の合理主義と変わりません。人間には合理的な側面だけでなく、非合理的な側面があります。そこを理解できなければ、人間というものの総体を理解することにはなりません。人々の幸せを考える、そして、その前提となる人間の本質を深く考えるためには、哲学や宗教の知見は欠かせないのです。そのために科学者と哲学者と心理学者と宗教家が手を結んで、人間の幸せを総合的に考察しはじめている、それが現在のマインドフルネスの最先端の潮流です。

第二章　なぜ座禅がビジネスにつながるのか

自由な発想の訓練に瞑想が活きる

現在のように経済が脱工業化してしまった状況では、新しい産業やサービスを創出できるかが問われますから、ビジネスにおけるアイデアの重要性が高まります。しかしアイデアというのは、長時間働けば良いものが生まれるというものではありません。

発想法と報酬を巡っては、心理学に面白い研究があります。クリエイティブな成果を出すためには、報酬を与えても意味がないことがわかる実験です。

被験者に、マッチ、画びょうがたくさん詰まった箱、ロウソクを渡して、「ロウソク

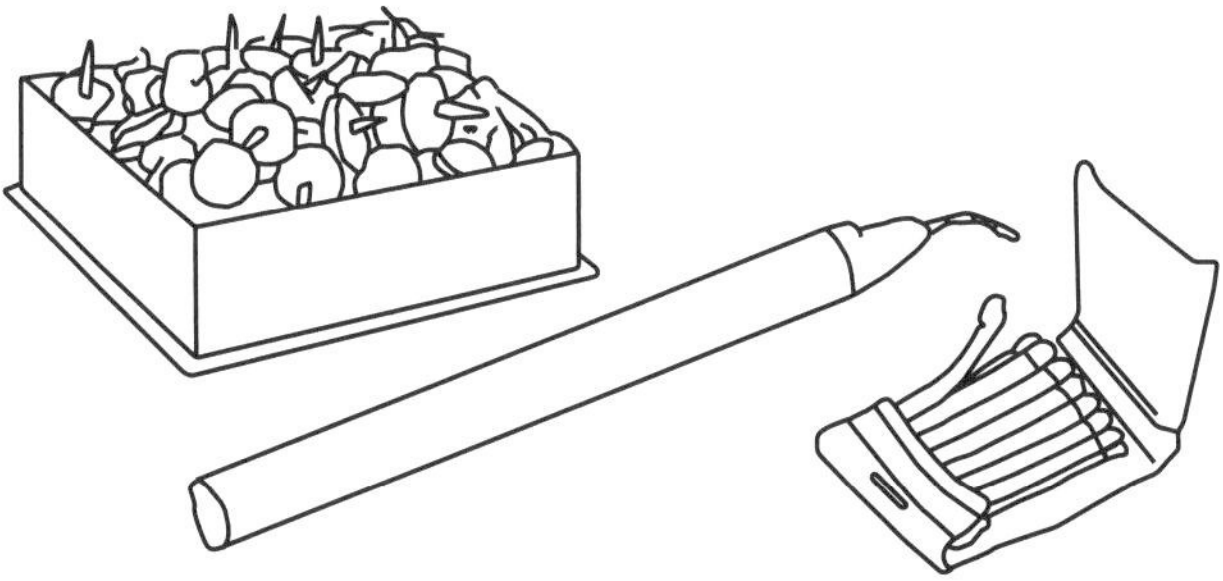

心理学者のカール・ドゥンカーが考案し、
「ローソク問題」と呼ばれる。

を壁に取り付けて、それに火を点《つ》けてください」と指示します。その課題を二つのグループにやらせます。一つのグループには、その課題を早く解ければ、大きな報酬をもらえると説明します。もう一つのグループには、報酬のことは何も伝えず、その課題を解くよう指示します。そうすると課題を解くのにかかった平均時間は報酬を提示したグループのほうがむしろ長くかかったのです。

この例からは、良いアイデアを出したら報酬を払うと伝えても、あまり意味がないこと、クリエイティブなことを行う上で、プレッシャーは意味をなさず、むしろ自由な発想の妨げにすらなることがわかります。

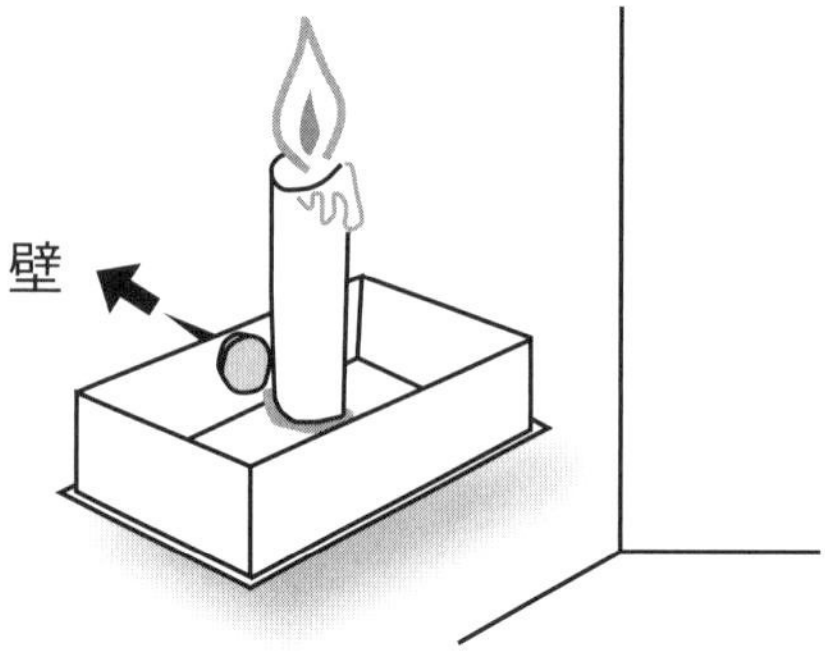

ローソク問題の答え。当時ニューヨーク大学の大学院生だったグラックスバーグは、一方のグループに報酬を提示し、もう一方のグループには報酬なしで解かせた。結果、前者のほうが回答にかかった時間が平均して３分半長かった。

この課題の答えは、画びょうをすべて箱から出して、箱を画びょうで壁にとめて、その箱にロウソクを立て、火を点けるというものです。しかしほとんどの人は、画びょうが入った箱を渡されると、「画びょうが入った箱」としてしか認知できません。箱を使えるという発想ができないのです。画びょうとロウソクと箱を別々に渡されれば、誰もが箱を画びょうで壁に取り付けることができるはずですが、画びょうが箱に入った状態で渡されると、そういう発想ができなくなるのです。

それでは、創造性を高めるために必要なものは何か。一つの答えとして、禅宗的な考え方、主観を排して物事をあるがままに見るというものがあります。この場合であれば、「画びょうの箱は、画びょうを入れるためのものである」という固定概念を外すことです。いまはこういう風に使われているけれども、実はそうではなく、違った使用法もあるということに気付くことです。

そして、もう一つの答えとして、そのような発想ができるような、心身の状態を調えるということが挙げられます。プレッシャーをかけるよりも、むしろゆとりを持たせることのほうが重要です。今の日本人は本当にゆとりの持ち方を知らないように思います。そこが問題だからこそ、私はマインドフルネスというコンセプトを普及させたいと思っています。自由な発想をするためには、リラックスした状態が必要なのです。

座禅は心のコンディショニング

石川善樹さんは、脳のトレーニングは味覚を鍛えるのと似ていると言います。

例えば、味覚を鍛えようと思っても、濃い味のものばかりを食べていると、味覚は壊されてしまいますよね。インスタントラーメンをたくさん食べていた人間が、舌が馬鹿になっているのが良い例です。では味覚を鍛えるにはどうすればいいかというと、一つの方法として薄味のものを食べるようにするというものがあります。気付くか気付かないかくらいの弱い刺激のものを食べると、味に気付こうとして味覚が繊細になり、発達するのです。

脳のトレーニングも同様で、刺激の低いものに集中することに効果があります。その最たるものが呼吸です。難しいタスクを与えられるよりも、すごく微妙で繊細なものを与えられそこに集中を持っていくほうが、脳は鍛えられるのだと石川さんは言います。座禅を行っている者の実感として、私もそうだと思います。

私の体験ですが、中学生の頃、ウォークマンを買って四六時中音楽を聴いていたら、その年の聴力検査で聴力がものすごく落ちてしまったということがありました。その結果を受けて、普段は音をしぼって聴くようにしようと、音量をギリギリ聞こえるか聞こえないかぐらいまで小さくしたのです。それをずっと続けていたら、次の聴力検査のときには聴力が上がっていました。聴力だけではなく、視力もそうですよね。遠くのものをずっと見ていると、見えるようになります。

マインドフルネスはよく脳のトレーニングだと言われます。「瞑想《めいそう》」はチベット語で

gomと言われますが、その意味は「精通すること」、あるいは「慣れ親しむこと」です。つまり、仏教において瞑想は日々行うトレーニングとしてとらえられていました。ただそれがどこかの段階で、いわゆる「修行」的な、何か特別なものに達するための「苦行」という要素が前面に出てしまって、瞑想をすること自体に、どこか神秘的な意味があるとすり替えられてしまっている面があるように思います。瞑想は元来、瞑想的な状態に慣れたり、細かなことに気付く自分を作ったり、そのためにストレスを下げたりするために行われるものでした。

だからこそ、私はいつも、座禅は心のコンディショニングだと言っています。座禅を行い心の安定を保つことによって、感情や主観にとらわれない自分を保つことができます。そしてそれによって、禅の主要なテーマである「今を生きる」ことができる、執着なく、今の瞬間に対して自発的に生きることができるようになってくるのです。

逆に言えば、人間は、焦っていたりイライラしたりしていると、イエスかノーか、善か悪かといった二元論的な価値判断に陥りやすくなります。さらに自分の立場を守ろうとしたり、自分の行動を正当化しようとしたりするようになります。そういう傾向がどんどん強まっていくと、狭まった視野でしか物事を見ることができなくなります。執着もどんどん湧いてくるから、結局、今をベストな状態で生きることができなくなってしまいます。

そうした心の乱れを防ぐために、座禅は効果があります。この問題はビジネスに限ったものではありません。重要なのは、1人の人間としての基本的な部分に戻るということです。つまり、人間が動物とは違う部分はどこなのかに気付くということです。人間には感情があるけれども、他方で感情にコントロールされない自分、欲望にコントロールされない自分を持つこともできる、たぐいまれなる動物です。その状態をどう作っていけるかが問題です。心が落ち着いていない人は、周りの人々に気を向けることができませんし、自分自身のあり方にも気が向きません。感情やストレスに流されてしまうのです。

思考が拡散するのは脳が情報を整理しているとき

集中というのは複雑な事柄です。座禅においても、ずっと集中しているわけではありません。人間の脳は、一度集中してもどうしても集中力が切れてきて、注意散漫になり、思考が拡散してきます。けれども実はその部分も非常に重要です。

座禅会で質問される事柄に、瞑想と白昼夢はどう違うのですかというものがあります。白昼夢を見ているときには、ぼーっとしていて、だんだんといろいろなことが頭に浮かんできます。そこまでは瞑想と一緒です。白昼夢を見ているときには、脳は言わば暴走している状態です。1日に莫大《ばくだい》な情報を得ている現代人たちは、脳が暴走しやすいという特徴があります。

思考の拡散には良い面もあります。いろいろなことを考え出して思考が拡散しているときというのは、脳が情報を整理しているときだからです。

何年か前に茂木健一郎《もぎけんいちろう》さんなども取り上げて話題になりましたが、その「あ!」と気付くことは「アハ・モーメント」と呼ばれたりもします。思考が拡散しているときにこそ、人間の過去の記憶と新しい記憶ががっちりと結びつく瞬間があるのです。それは意識が普段の状態にあるときに、自覚的にやろうとしてもできるものではありません。新しい記憶と新しい記憶を結びつけることならば、意識的にもできますが、昔の記憶を持ってきて、新しい記憶とマッチさせようとすることはできないようです。

けれども思考が拡散しているときは、古い記憶と新しい記憶が結びつきます。それは寝ているときと一緒です。寝ているときは、意外とアイデアが出やすいでしょう。あと、お風呂《ふろ》に入っていたり、トイレに入っていたりするときもそうですよね。

ただ、整理している状態が延々と続くのも人間にとっては良くありません。ある程度で、思考が拡散しているなと気付くことが重要です。気付くことで、自分の集中をやるべきことに向けていかなければいけません。瞑想は白昼夢と違い、その拡散した思考状態に入っている自分に気付き、再び集中に目を向けることを意識することが大切です。

「三上」でこそアイデアは降ってくる

唐宋《とうそう》八大家と言われる文人の1人、欧陽脩《おうようしゅう》が、「三上《さんじょう》」ということを言いました。三上というのは、馬の上、床の上、トイレの上です。欧陽脩は、その三つが新しいアイデアを出すのに最適な場所だと言います。それはなぜかというと、その三つは思考が拡散しやすい場所だからです。

「雑念や煩悩がたくさんある」という人に対して、「修行が足りない」と言うお坊さんがいます。しかし、雑念があるということ自体はいいのです。人間ですから雑念があって当たり前ですし、それが無いというのは、極論を言えば、脳が死んでいるということです。ただ、雑念が暴走していること、それ自体に気付く自分をつくりあげていくことが必要なのです。そして気付いた頃に、また呼吸に集中を向けていくことが大事です。

「煩悩があるのは座禅の修行が足りないからだ」と言ってしまうのでは、体験する人が、「座禅はよくわからないし、煩悩まみれの自分は本当にダメな人間なのだ」と思ってしまう可能性は否めません。しかし雑念や煩悩を持つことは科学的に見ても当たり前のことですし、脳をスキャンすると、雑念を持つような脳の状態がどんな高僧の脳の中でも生じています。しかし高僧は、雑念を持っていることに気付いたときに、呼吸や集中すべきものにうまく注意を持っていきなおすことができるのです。

「三上」の状態のような、思考が拡散しているときにこそ、人間にアイデアが出やすいのは事実です。クリエイティブな仕事をしている人の中に座禅をしている人が多い理由はそこにあります。ある意味では、座禅を行うことで思考を拡散させているからこそ、クリエイティブな仕事ができるのです。

よく「アイデアが降ってくる」と言いますが、科学的に見てもまさしく「降ってくる」としか言いようがないような、偶然的な情報の結びつきでアイデアというものは生まれます。座禅を行い、その中でアイデアが降ってきたらそれをノートに書くとか、そういう感じでいいのです。それが座禅の実践的な使い方だと思います。

座禅を「宇宙と一体となって無心になる」というような、どこか神秘的な表現でとらえられている人もいます。「無心」は元来道教の概念であり、仏教では本来「無我」と表現します。また「無心」の反対の「有心《うしん》」というのは、主観を持っているということです。したがって、善悪や有益無益などの思考の分別をする主観的な見方がそこにある限りは、それは無我ではありません。そして無我というのは何も考えていないということとも違います。物事が頭に自然と浮かんでくるのは当たり前なのですが、それに気付いているメタな自分を持つということが無我なのです。一歩引いて、本当にあるがままのことを見ることができる自分をつくるのが、禅の目的の一つです。

ドーパミン系の欲望依存から脱出する

以前ＩＶＳ（Infinity Ventures Summit）というインターネット業界の経営者やベンチャーキャピタリストが集うカンファレンスで、元陸上選手の為末大さんと同じディスカッションに登壇しました。為末さんが言われていて興味深かったことに、「現代人には、自分の体調を知らない人が多い」というものがあります。現代人は、普段無理をしてでも、ストレスを溜めてでも物事を実行してしまうから、不調の自分が当たり前になってしまい、不調であることに気付かない、と。これも結局は自己認知力の問題です。そこで自分を調えなおすのに有効なものがマインドフルネスであり、禅です。

為末さんは起業家としての側面も持っていますが、成果を挙げられている背景には、自分の主観を相対化して、物事を見られる視野の広さがあるように思います。たとえば投資は経営者の思い入れだけでは成功しませんし、かといってビジネスモデルだけで決められるものでもありません。投資は、投資する対象の経営者の頭の中をなぞって、経営者のビジョンに欠けているものは何かや、経営者がそのビジネスにおいて窮地でどのような舵取《かじと》りをするかを検討するという、そういった他者を理解する力があって、成果を上げられるものだといいます。

為末さんは自らの状態を調える方法を自分のものにしています。特に、モチベーションの高め方が素晴らしい。私も高校の頃陸上をやっていましたが、陸上競技は単純な競技ですから、モチベーションを維持することはかなり大変です。

モチベーションを保つためには、自制心を鍛えることが必要です。なかでもドーパミンを制御する術《すべ》を見つけることが肝要です。現代人は、えてしてドーパミンに支配されていると言われます。例えば、ダイエットをしていてやせなければいけない、でも今ドーナツが食べたい、あるいは、煙草をやめたいけど、やめられない、といった衝動です。ドーパミンというのは不思議な物質です。「ドーパミンが出れば幸福感が得られる」と思われている方も多いと思いますが、実は違うそうです。石川さんによれば、ドーパミンは、幸福感そのものではなく、幸福感を与えてくれるのではないかという期待感をぐっと上げる物質なのです。

ですので、ドーパミンが出た瞬間というのは、それ自体で幸せになるものではありません。むしろ期待感をぐっと上げて、けれどもお預けという状態に体をする物質なのです。そのために、その状態を解消しようとして、過剰に食べたり、煙草を吸ったりしてしまうのです。そしてそれで幸福感を味わえるかというと、味わえません。味わえていないから、またドーパミンが出てしまい、同じことを繰り返してしまう。それによって悪い習慣がついてしまうのです。

「自制心がある人は、期待感を高めるだけのドーパミン依存症から、もう一つの神経伝達物質であるセロトニン系の幸せに移行することができます。セロトニン系は、人に長期的な幸福感を与えます。それこそ心を「Well-Being」の状態にしてくれるのです。

海外には「positive psychology」という分野がありますが、これは幸せになるための科学のことです。その分野でも、以前は「Happy」や「Happiness」という言葉を使っていましたが、最近は「Well-Being」という言葉が使われていると石川さんは言います。「Happiness」は、いわば、一喜一憂と言うときの「喜」です。一方マインドフルネスや座禅は、継続的で安定した幸福感を作り出すためのものです。その安定した幸福感が実感できてくると、ドーパミンを味方にすることができ、欲望に負けなくなります。

社会的成功のためには自制心と継続力が重要

ハーバード大学のビジネススクールに通うような人には、たしかに圧倒的にIQの高い人がいます。しかし前章で述べたように、実際に人の社会的成功の要因を分析してみると、IQの影響は必ずしも大きくないことがわかっています。石川さんによれば、IQが仕事や成功に貢献する割合は25％程度ということです。IQよりも、意外にも、EQやエモーショナル・インテリジェンス、開放性（いかに新しいものを受け入れることができるか）、自制心、感情の抑制などのほうが成功の主要な要因です。そして、成功に貢献する、その60％の部分の能力を伸ばすためにマインドフルネスが効果を持ちます。

社会的成功のためには自制心が重要であることを裏付ける根拠として、「マシュマロ実験」という実験があります。これはスタンフォード大学で１９６０年代の後半から始まったものです。主導者のウォルター・ミシェル教授は、人間の将来の成功は、ＩＱではなくて、4、5歳の子どもの目の前にマシュマロを置いて、食べることを待てる子か待てない子かでおおよそ見当がつくと主張します。その実験では、被験者である子どもの人生を継続して追いかけていきます。被験者たちは現在では40代中頃～50代ぐらいの年齢になっています。その人たちの収入や社会的地位などを比べていくと、自制心が高かった子、つまりはマシュマロを食べることを我慢できた子が、収入も地位もかなり高いことがわかりました。その例から、自制心が重要であることが明らかにされたのです。

今何をしたいかよりも、長い目的で何をしたいかを考え、どちらが重要かを客観的に見る必要があります。「これがやりたいからこれをやる」という、今だけの感情に流されてしまうなら、自制心は必要ありません。しかし将来の大きな目標があるのならば、そのことと、今目の前に転がっている欲求を満たすためのもののどちらを優先するかを、客観的に判断する必要があります。

社会的成功のためには、自制心以外に継続力も必要です。日本でも数年前に、マルコム・グラッドウェルの『天才！　成功する人々の法則』という本がベストセラーになりました。そこで書かれているのは、「1万時間の法則」というものです。すなわち継続力が人間のベースとして重要だということを説いています。

つまり自制心は持続力を生み、持続力は継続力を生みます。どんなにできないことでも、継続してやっていれば、形になっていく。人間の身体と頭はそういうふうにできています。間違ったやり方をずっと続けていてもたしかに上手《うま》くはなりませんが、ある程度正しいやり方を学び、しっかりと時間と体力を使えば、エキスパートにはならなくてもそれなりには形になるのが人間です。そして、学んで慣れればなんにでもなれる、そういう考えを持つことが前向きな生き方につながっていきます。

それをＩＱだけで何とかするのは不可能です。むしろ自制心と継続力が大事です。自制心と継続力は誰もが持っている能力ですが、しかし多くの人がそれに気付いていません。ＩＱのような指標ばかりを気にして、あの人は頭がいいから活躍できるけど、自分は馬鹿だから無理だと考えてしまいます。実際はＩＱの差による結果の差はそれほど大きいものではありません。感情のコントロールなどこそが重要なのです。

ビジネスも同様です。起業して成功するためには、経営者が優秀なだけでは不十分です。経営者だけでなく、自らが雇っている社員も優秀にしていかなければいけません。会社全体を底上げしないとダメです。世界のトップエリートたちはそのことに気付き出しています。自己中心的で、自分の賢さをアピールしたがるような人間は、社会では最終的には成功できないのです。むしろ他人の利益、つまりは利他を考えることができる人間こそ、努力を怠りませんし、自分が世の中をどのように変えていけるかを把握できているので、成功します。そして、今の経営者は、利他の精神を持った人間が増えることで社会は改善されていくというビジョンを持っています。

歴史を振り返ってみると、19世紀末から20世紀にかけてアメリカには、ジョン・ロックフェラーやアンドリュー・カーネギーなどのような、「タイタン」と呼ばれた大富豪がいました。その人たちの目的は、当初は、自分たちの会社がいかに儲《もう》かるか、ということでした。けれども彼らは最終的に、どれだけ儲けても、結局は意味がないことに気付き、財団をつくって様々な寄付活動を行いました。社会に貢献できなければ充実感が得られないのです。世の中を改善していきたいという、個人の人間性を出した新しいビジネスの存在意義が、社会の中でようやく共有されてきたと思います。

それに続く世代が、ハーバード大学のビジネススクールやマサチューセッツ工科大学、そして他の大学にもいます。私はそういう学生たちに座禅を通して仏教が持つ利他の精神を自分のものにしてもらいたいと思っています。そして利他の精神を学ぶためには、共感が必要です。共感を磨くためには、自己認知力が必要です。つまり、自分がどういう者かをあるがままに見る自分が必要とされる。その点でマインドフルネスは非常に有効ですし、主観を排し、あるがままに見るという点で仏教の考え方が活《い》きるわけです。

第三章　禅は日々の生活の質を高める

リラックスすることが感情のコントロールにつながる

私は春光院での禅の教室以外にも、企業研修などで禅についてお話をさせていただく機会をいただいております。

一つが、ＤｅＮＡやリクルートメディアテクノロジーラボにおいて、石川善樹さんが中心になって行っている企業研修です。石川さんがメインで、回によって元陸上選手で起業家の為末大さん、ロサンゼルス・ドジャースで選手の体をケアされていた友広隆行さん、そして私が講師として登壇します。私と石川さんで瞑想《めいそう》やマインドフルネスのことを話します。私は瞑想をいろいろな人とやっていますから、その経験談を中心に話します。それで石川さんに科学的な論拠や医学的に効果のある手法について話してもらいます。

友広さんが話すのは、姿勢の大切さについて。私の話ともかぶってくるのですが、姿勢が人間のストレスにとても影響を与えるという話です。ずっと座っている仕事の場合は大腸がんになる確率も上がってくるから気を付けなければいけないというような、身体科学の話も入ってきます。

私はシンプルに、姿勢がきちんとしていれば呼吸もきちんとしてくるし、呼吸がきちんとしてくるとリラックスしてくるから精神もきちんとついてくるという話をします。

座禅について、「調身・調息・調心」という言葉があります。具体的にどのように行えばいいかは次章に譲り、ここでは概要のみをお伝えいたします。

まずは、「調身」、すなわち身体を調える作法です。最初は背筋の調え方の話から始めて、座りながら背筋を調えてもらいます。その後、なぜ座っているときに悪い姿勢でいることがストレスに影響するのかについて話します。姿勢、そして呼吸とストレスは非常に密接に関係しています。というのも、姿勢が悪いと、人は猫背で前屈《まえかが》みになりますよね。そうなると肺が圧迫されることになりますから、どうしても深く息を吸うことができず、呼吸が浅くなってしまいます。そして呼吸が浅くなることによって、ストレスを感じてしまうのです。逆の場合も同様で、人間はストレスを感じるときに、自然と呼吸が浅くなります。

たとえば、つらいときでも笑顔をしたほうがいい、というのには実は理由があります。たとえ作り笑顔だとしても目じりにカラスの足跡のようなしわができる笑顔の場合、脳の中のオキシトシンという物質が出てきて、人間は幸せな気持ちになるのです。人間の身体は面白くできていて、感情が身体をある状態に持っていくだけでなく、身体のほうを動かしても、それに対応した感情が生じます。だからこそ、まず姿勢を調えることに意味があります。

イライラしていてつらい状態のときには、概して呼吸が浅くなります。通常、人間の呼吸が浅くなるのは、ストレスが溜《たま》っているときです。呼吸が浅くなると、身体はそれにつられて、自分はストレスが溜っているのだと思い込みます。その結果、よりストレスが溜ってくるのです。

ですから、座禅を体験しに来た人に、私はまずこう言います。「今日は座禅をやってもらいましたが、急に座禅を日常的に始めるのはしんどいと思います。ですので、次の1週間の中で3日間でも、姿勢に注意を向けてください」と。

現代社会では、多くの人に、その人なりの悪い姿勢が癖付いています。特に今はノートパソコンやスマートフォンを使うことが、人の姿勢を悪くしています。電車に乗ると、多くの人が前傾姿勢になっているのを目の当たりにします。前傾姿勢ではどうしても呼吸が浅くなりますから、知らず知らずのうちにストレスを溜め込んでしまうのです。

調身の次は「調息」、息の調え方です。呼吸を作るためには姿勢をきちんとしていなければいけません。座禅で、ゆっくりとした呼吸をしてください、と言うのもそれが理由です。猫背で前屈みの状態でゆっくりとした呼吸をしてみると、肺が圧迫されているせいでたいていできません。背筋を伸ばして姿勢を正すと、ゆっくりとした呼吸ができるようになります。そしてゆっくりとした呼吸ができると、今度は気持ちが落ち着いてきます。呼吸数は心拍数に影響するので、心拍数が下がることで落ち着いてくるというのもあります。

また、吐く息と吸う息では使っている神経が違います。吸うときは交感神経を使っています。交感神経を使っているということは、自分を緊張させているというか、奮い立

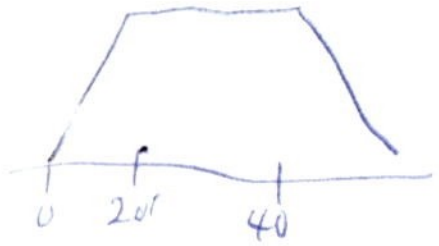

たせているということです。何かにチャレンジする上で良い緊張感を生みます。

一方で、息を吐いているときには副交感神経を使います。副交感神経はリラックスを司《つかさど》ります。したがって、吐く息を長くするだけで、副交感神経を活性化させるので、自然とリラックスしてきます。

さらに、それをしばらく続けることで、脳の中にも変化が訪れます。

ハーバード大学の研究によれば、瞑想を始めると、脳の中の酸素消費量が徐々に減少しはじめます。約10分後まで継続して減少傾向が続き、酸素消費量の減少は約20分後にピークに達します。そのピークの状態が次の20分間保たれて、開始から約40分後に酸素消費量が増加しはじめ、約60分後に元に戻ります。この過程で脳内にはセロトニンと呼ばれるホルモンが分泌されます。セロトニンは「癒しのホルモン」とも呼ばれ、ストレスホルモンを分解することで、文字通り私たちの脳をリラックスさせる働きを持っています。

からだがリラックスしてくると、今度は「調心」の段階、つまり心を落ち着かせる段階に移行することができます。

心身にとってリラックスはとても重要です。人間は、緊張しているときやストレスを感じているときには、誘惑に負けやすい状態にあります。そして、感情のコントロールがうまくいかなくなります。たとえば、疲れているとすぐイライラしてしまったり、カッとなって言わなくてもよいことをついつい口走ってしまったりします。しかし、脳科学的に見れば、それはある種の生物的な必然なのです。

人間の大脳は大きく「脳幹」「大脳辺縁系」「大脳新皮質」という三つの部位からなるのですが、その中でも「大脳辺縁系」は「感情脳」とも言われる部分があり、イライラなどのネガティブな感情、闘争や逃走の本能をコントロールしています。ストレスが溜ってくると、その感情脳が活発になります。

人間が今のような生活をしているのは、歴史の中で本当にわずかで、2000〜3000年ほどのものです。それ以前の1万年ほどは、言ってみれば、「野生」の中で暮らしていました。そういう状況の中で、ライオンや熊などに会うと、そのときに、逃げるか闘うかを瞬時に判断しなければいけません。そういう状況で考えている時間はありません。だから人間は、ストレスが溜まった状態になると、自然と原始的な脳が活性化されてしまうのです。一気にイライラして来て、感情のコントロールが難しくなってきます。ギャンブルで負けている人間が熱くなり、無茶な大穴狙いをした挙句に大金を失う、というのはまさにこのような状態のときです。

リラックスしているときはその正反対です。脳の中の考える部分、前頭前皮質の活動が活発になってきます。考える部分の脳が活発になると、客観的な判断がしやすくなります。感情に左右されない自分が立ち現われるのです。たとえば、上司に理不尽なことで怒鳴りつけられたとしても、「ここで強く言い返したら遺恨を残すし、下手をすれば自分はクビになる」といった、論理的な思考が生まれ、トラブルを防ぐことができます。

リラックスをすると、感情のコントロールができる自制心を持った自分が出てくるので、人間は物事に打ち込むことができるのです。「調身→調息→調心」と進み、心が調うと、人間はパフォーマンスを最大限発揮できる状態になるのです。

10分の我慢で無用なトラブルは避けられる

ソーシャルメディア、特にツイッターなどで自分と違う意見を見たときに、感情的な怒りをそのままつぶやいたりする人がいます。しかしそういうときも、脊髄《せきずい》反射的に思ったことを書くのではなくて、一度自分の姿勢を正すことをぜひ意識してみてください。そうすると、あとから誤解を招いたり反発を生んだりする発言を避けることができます。

約10分我慢すると、人間は考えなおすことができます。座禅は自分を見つめなおす時間だと私がよく言うのも、10分でも瞑想をすると、感情的なたかぶりが引くからです。

グーグルは、そういった感情への対処を、ビジネスパーソン向けのテクニックとして定式化しています。まず止める（stop）。次に呼吸を落ち着ける（breathe）。興奮すると、呼吸の際に吸う息が無意識に浅くなってくるので、それを落ち着ける。自分の感情

感情のたかぶりを抑える5つのステップ

STOP
止める
↓
BREATHE
呼吸を落ち着ける
↓
NOTICE
自らの身体的変化に気付く
↓
REFLECT
自らを客観的に見つめる
↓
RESPOND
反応する

による身体的変化に気付く（notice）。自分の考えていることを客観的に見る（reflect）。それで、反応する（respond）。そういうプロセスがあります。

簡単な言葉で言うと、1回自分を見つめなおしてみましょうということです。人間は感情的になるとすぐカッとなって反応してしまいます。それは先に述べたように、イライラしているときは、扁桃体《へんとうたい》という、脳の中の原始的な部位が非常に活動的になっているからです。

扁桃体は人間の、闘うか逃げるか、つまりは攻撃的な面をコントロールしています。人間が怒ると、扁桃体の活動が活発になります。そうすると、体からコルチゾールというストレスホルモンが出て、コルチゾールが溜ってくると、前頭前皮質という、人間の思考を司る脳の部位の活動が抑えられてしまいます。その結果、脳の中の考える部分が活動できなくなってしまうのです。「我を忘れるほど怒る」と言ったりしますが、それは実際に脳科学で説明できる根拠があるのです。

したがって怒ったときには、まずは前頭前皮質の活動を活発化させるために、一度深呼吸することが必要です。ゆっくり呼吸をして、それから感情を言葉に表す。言葉に表すだけで前頭前皮質が活性化するので、「自分は今怒りを感じている」と思うだけでもいい。それだけでもある程度落ち着くことができます。マインドフルネスの文脈では、座禅はそのような場面に使われています。海外の経営者やビジネススクールの学生はそのようなことを理解して座禅を体験しに来ています。

感覚は、拒絶するのではなく受け止める

自己の客観視は、社会の中で人間らしい営みを行っていくための知恵でもあります。例えば、「心頭滅却すれば火もまた涼し」ということわざがあります。しかし、心頭滅却しても、熱いものは熱い、それが圧倒的な事実なのです。たしかに痛みや感覚から自分の感情や集中を他のものに向けることで、熱さをある程度客観視することはできます。けれども冷たいときに冷たく感じて熱いときに熱く感じるのは人間の感覚として当たり前ですから、それは仕方がないことです。

感覚は拒絶するのではなく、逆に素直に受け止めるべきものです。熱いということを客観的に受け止めて、体でどういうことが起きているのかに注意を向けてみます。そこから、さらに他のものに注意を向けてみる。寒さを我慢しながら座禅をしたり、冷たい

滝に打たれて精神統一をしたりするイメージがありますが、精神を鍛えることは、我慢をすることを覚えることではありません。むしろ精神統一というのは、自分の感覚を受け止められるようになるために必要なものです。

本当にありのままを受け止められるようになった自分にとっては、周囲の状況はよりわかりやすくなります。自分を客観視することができるようになれば、自分の感情もコントロールできるようになります。たとえば、どういうものが自分の怒りを発生させるかは、まず自分の感情に気付かないと把握できません。自分の弱点や、自分はどこを突かれると怒ってしまうかなどを把握しておけば、相手を無用に怒らせることは避けられます。

また、怒ったときに体にどういう反応が立ち現われるかについても知っておく必要があります。胸がくっと押さえつけられるようになってくるとか、もやもやしてくるとか、そういった感覚です。それを客観的に観察できる自分を維持できれば、自分が欲するときに感情をコントロールできます。それは人間の自制心と直接つながります。

座禅は目的意識を持って始めてよい

これまで述べてきたように、マインドフルネスはビジネスにも生活にも活《い》かすことができます。多くの人がそれを理解できるようになれば、社会自体も良くなります。結局最終目的はそこにあります。家族と経済と社会は相互に影響し合っていますから、良い社会がなければ、良い経済もないし良い家族もありません。マインドフルネスの考え方を使うようになれば、人間に心のゆとりも出てくるはずです。そしてゆとりが出てくることで、最終的には社会が改善されていきます。

ただ、マインドフルネスの分野は攻撃されることも少なくありません。なぜかというと、ビジネスや医療といった実用的な目的と瞑想を「無理矢理」結びつけるからです。マインドフルネスは、瞑想を行う目的を明確化させたわけです。それ以前は、ヨガにしても座禅にしても、目的がはっきりしていませんでした。しかも、その漠然としていることが宗教の良いところだと考えられてきた面があります。

瞑想を行うときに目的を持って行ってはいけない、というのはたしかにそうです。座禅を組んでいながら、「金儲《かねもう》けしよう」と思って瞑想をしても、それは無理な話です。

私は、座禅を行う目的は各自が持っていい、しかし、座禅を行っている間は目的を忘れましょう、ということをお伝えします。ある目的のために座っているということをやってしまうと、それが逆に呼吸への集中の妨げになり、せっかく瞑想を行っていても、本末転倒になってしまうからです。

禅をビジネスと結びつけて、直接形の見える効果や利益を見せたりする点に対する非難は根強いものがあります。例えば、瞑想や座禅はもっと崇高なものだ、ビジネスや人間関係といった単純で程度の低いものとは違うのだ、というようなものです。宗教を経営やお金に関することに結びつけると、いまだに汚いと思われてしまうこともあります。けれども私はそう考えるべきではないと思います。むしろ経営がきちんとできていないことで、急に檀家《だんか》さんに大きな寄付を求めたりしてしまう寺院があるという現実があります。人間についてもそうです。物質的な快楽を追い求めることは芳しいことではありませんが、ある程度物質的なものがなければ、人間は生きていくことができません。拝金主義は避けるべきことですが、一方で、お金というものに対しても中道に立って考えて、お金が現代の世の中を動かしている、その事実を直視すべきです。

私は座禅を教えるときに、参加者に、「あなたたちが座禅を体験しに来た理由は何ですか？」と聞きます。「なぜ座禅に興味を持ち出したのですか？」と。そして座禅が自分を変えることができる道具だということを教え、「あなたは座禅をどういうふうに、どんな目的で使っていきたいですか？」と聞きます。自らの抱えている悩みに向き合うためなのかもしれないし、ビジネスで成功を収めたいからかもしれない。どんなことであろうと、こうして座禅に取り組む目的意識をはっきりさせることで、雑念を取り払い、座禅自体への集中を高めてもらうことができると考えています。その結果として、座禅をより日常生活に活かせる習慣として受け入れてくれるのではないかと思います。

第四章　日常生活に禅を取り入れる

座禅の根幹は姿勢と呼吸を調えること

この章では、禅やマインドフルネスに興味を持ったという方に向けて、実際どのように瞑想《めいそう》を実践すればいいのかについて、具体的に紹介していきます。

まずは座り方について。結跏趺坐《けっかふざ》や半跏趺坐という、足を組む伝統的なやり方があります。最初からそれをやっていただいても結構ですが、無理に足を組む必要はなく、椅子に座って行ってもかまいません。結跏趺坐や半跏趺坐を組む理由は、床に座ったときに背筋を伸ばしやすくするためです。最初にインドで仏教が始まったときには、みんな外で地べたに座って座禅を行っていたわけです。またアジアでは、床に座って座禅を組む文化があり、そのときにいちばん自然な姿勢が、結跏趺坐や半跏趺坐だったのです。そのことで姿勢を保ちやすくなり、より深く呼吸を行うことができ、脳が覚醒につながるという効果もありますが、その姿勢でなければ効用がないというわけではありません。より本質的に重要なのは、姿勢を正すことと呼吸を調えることです。それが「調身」と「調息」です。そして、もう一つ重要なのは「調心」です。

まず「調身」、つまり姿勢についてですが、椅子でもいいですし、先ほど言った結跏趺坐や半跏趺坐でもいいですから、姿勢を調えてもらいます。姿勢の調え方ですが、あまり背中を反らさずに、おへそを軽く持ち上げるような気持ちでやってもらうと良いと思います。お腹をくっと引き締めると、おへそが少し上がるような感じになります。そうすると姿勢をより綺麗《きれい》に保てて、深い呼吸を続けることができます。

目は閉じてもいいですし、「半眼」と言って、顔は正面を向いて、目だけ座っている位置からだいたい1メートル先ぐらいのところをぼんやり見てもらうのでもかまいません。

次に「調息」です。調息は、とりあえず最初はゆっくりした呼吸（吸うと吐くのセット）をしてもらうだけでかまいません。1分間に約4～6回、ゆっくりと呼吸をしてみてください。その時には、吐く息を長めにしてみてください。私の場合、だいたい5秒で吸って、10秒で吐くような感じです。そうして呼吸を調えてもらいます。

人間は、呼吸自体が交感神経や副交感神経とつながっています。吸う息は交感神経、吐く息は副交感神経とつながっています。そのため吐く息を長くすると、副交感神経を活性化でき、リラックスしてきます。もう一つは、こういう呼吸をしていると、先にも述べたよう、脳内で癒しのホルモンであるセロトニンがどんどん分泌されます。セロトニンが分泌されると、ストレスホルモンの分解がすすみ、ストレスが軽減されます。また、伝統的なやり方では、数息観《すそくかん》といって、呼吸の数を数えていきます。そのことでより座禅に集中しやすい状態になります。

最後は「調心」です。呼吸ばかりに集中するのではなく、自分の心の動きを第三者の目線で見てください。客観的になっている自分を客観的に観察する。言わば観察の観察、アテンションのアテンションです。英語ではこれを「meta-attention」と言います。無理矢理ずっと呼吸に集中するのではありません。呼吸に集中していて、その集中が切れてきて、いろいろな物事やイメージが頭に浮かんできますよね。それを客観的に観察する。そしてある時点で、頭の中がいっぱいになってきたな、あることに集中しはじめたな、と思ったときに、ゆっくり呼吸に戻ってもらう。その繰り返しです。それが調心です。これを続けると、心が落ち着いてきます。それが座禅のやり方です。

座禅の基本ステップ

調身（姿勢を調える）

- 背筋を伸ばす
  （背中を反らすのではなく、
  おへそを軽く持ち上げるイメージ）
- 足を組むのが理想だが、
  椅子に座って行ってもよい
- 目は閉じても、半眼でもよい

・
・
・

調息（呼吸を調える）

- ゆっくりとした呼吸を行う
- 1分間に４～６回を意識する
- 吐く息を長めにする

・
・
・

調心（心を調える）

- 呼吸に集中する
- さまざまな物事やイメージが
  頭に浮かんでくるが、
  それを客観的に観察する
- 雑念がわいている自らを見つめなおし、
  呼吸に集中を戻す
- それを繰り返す

とにかくカジュアルに考える

姿勢と呼吸のこと以外で大事なのは、自分が安心して座禅ができる場所をどこかに見つけるということです。何かをやる前に「呼吸をちょっと調えてみよう」というくらいで、まず始めてみるのが重要です。禅、瞑想、マインドフルネスと聞いてもっと壮大なことを考えはじめてしまうと、とたんに気が重いものになってしまいます。為末大さんは、モチベーション維持において「最初に小さいゴールをセットしてそこから始めていく」ということを繰り返し説かれていますが、まさにそこが重要です。自分の日常生活を振り返ってみて、たとえば自分は通勤で1時間ぐらい電車の中にいるから、その時に立ったままで呼吸法をやってみようとか、いつも仕事の合間に近くの喫茶店に行っているからそういうところで少しやってみようかとか、そのような感じで、本当に簡単なところから始めてみてください。

とにかくカジュアルに考えてください。厳しいとか修行だとか、そういう側面に目が言ってしまうと、「形式通りやらなければダメなのだ」と考えて、「では今日はできない」となったり、それが言い訳になってしまうことがあります。先に述べたように、仏教において瞑想は元々は「慣れ親しむ」「習慣付ける」といったニュアンスを持つ言葉で、生活を離れた非日常的なものではありません。どこでもできる、リラックスした環境でできる、と考えてくださってかまいません。たとえばトイレでも良いし、お風呂場《ふろば》でも良いし、車の中でもかまいません。そういうところで少し姿勢を調えて呼吸を調えるだけで、全然違ってくると思います。

最初は5分から始めましょう。食事前に5分、目を閉じて呼吸を調えてみる。外食時に5分は難しいとすれば、たとえば2、3分でも結構です。5秒ほどで息を吸って、10秒ほどで吐くという、長くゆっくりとした呼吸をする。そういう呼吸などを2、3分やって、それからご飯を食べる、これを続けてみてください。あるいは仕事の前に少し姿勢を調えて、職場でするのが恥ずかしければトイレの中でも良いですし、屋上でも良いです。立ったままでも良いですし、呼吸を少し調えてみる。

また、石川善樹さんのオススメは、自分の家の扉の前で2、3分、呼吸を調えてから玄関を開ける、というものです。これによって気分を切り替えることができ、仕事のストレスを家に持ち込まないことが可能になります。そのことが家庭生活を円満にすることにもつながります。何かを始める前に2、3分でもいいから、呼吸法を少しやってみてください。

瞑想をするときの香りを決めておく

瞑想をしやすい環境を作るときには、香りを活用するという手もあります。匂いは記憶と連動しているので、その匂いを嗅《か》ぐことによって、いろいろな思い出が蘇《よみがえ》ってきます。そのため瞑想やマインドフルネスを実践するときの香りを決めておくのも手です。毎回同じ匂いを嗅ぐことで、身心のスイッチが入りやすくなります。匂い自体の効果を求めてハーブやラベンダーの香りを使うという手もありますが、基本的には、決めてしまえば何でも構《かま》いません。匂いとセットで習慣化することで、人は匂いを嗅ぐだけでその記憶に戻ることができるようになります。瞑想を行う部屋や車の中などに、決まったお香を焚いておくのも手です。

もしお寺などで座禅を体験したことがある人であれば、そのお寺で使っているお線香の名前を聞いてみるのもいいかもしれません。そのお線香の匂いを嗅ぐことによって、座禅を体験したときの記憶とリンクするためです。今はお線香の香りのスプレーなどもあります。

　自分がいちばんリラックスできる場所はどこかを考えて、その場所の匂いを瞑想を行う空間に付けるのも良いと思います。コーヒーショップでリラックスすると思える人であれば、コーヒーの豆などを周りに置いていてもかまいません。人によっては、昔おばあちゃんとよく来ていた魚市場の匂いが落ち着く、という人もいます。私自身の経験で言えば、マインドフルネスの国際会議でシンガポールを訪れた際に、街の飲食店の前を通ったときに、ビールと、ハンバーガーを焼いている匂いが強くして、アメリカにいた大学時代はこうだったな、と思い出したりしました。それは私には楽しい匂いなのです。人によっては不快な臭いかもしれないけれども、別な人にはそうではない。自分が楽しいとかリラックスしているときの思い出と、その思い出を考えているときに浮かんでくる匂いを使ってみると、それで十分にリラックスできます。

仏教で活用される緑茶の効用

自制心を高め、コンディションを調えるという意味で、少し脱線して食事についても触れます。

緑茶が仏教の様々な場面で用いられていることには、実践的な理由があります。緑茶にはテアニンという物質が入っていて、人間の集中を助け、心を静める効果があるからです。緑茶の場合、紅茶や烏龍《ウーロン》茶に比べてテアニンの含有量が多い。それがあるから、緑茶を飲むと、カフェインの効果で眠気が覚めつつ、緩やかな感じで集中が高まり、その状態が続きます。コーヒーの場合は、カフェインが一気に入って眠気が覚めますが、テアニンが含まれていません。カフェインを摂り過ぎてしまうと、むしろ興奮して、人間は集中ができなくなります。

集中という意味では、「エナジードリンク」はオススメできません。多くのエナジードリンクの場合にはカフェインと砂糖がともに多量に入っています。その結果、飲んだ瞬間に一気に血糖値が上がり、またカフェインの効果で心拍数も上昇します。そのことで興奮してしまい落ち着かなくなってしまうのです。それでは集中できませんし、それが焦りにつながります。その結果、頭の中が空回りしてしまって、仕事で失敗する、といったことにもつながります。さらに、一気にエネルギーを与えてくれるものというのは、禁断症状、つまり効果が切れたときにも悪影響が出ます。切れると一気に疲れが来るので、どうしよう、もう1回飲まなければ、となります。それをどんどん繰り返していると、カフェインの1日の摂取上限量を超えてしまうわけです。それをやっていると今度は睡眠に影響し、悪循環となります。

第二章で述べたドーパミンとセロトニンの話と同様に、緩やかにエネルギーを与えてくれるもののほうが、長期の安定した幸せをもたらしてくれるのです。

自制心を高めるための食事

食事についても、午後に疲れたときに、甘いものを食べるよりは、アーモンドなどのナッツ類のほうが良いです。人間の脳は砂糖を欲しがる傾向がありますが、砂糖というのは、カフェインなどと一緒で、急激にエネルギーを身体に入れるわけです。そのため後で禁断症状のようなものが出てきて、それが一気に疲れになってきます。チョコレートにはカカオが入っているので砂糖に比べて少し緩やかではありますが、やはりあまり甘過ぎないものがいいと思います。

原始的な脳というのは、糖質と脂質を欲しがります。人間の進化の歴史において、ダイエットがこれほど広まったのはせいぜい40〜50年前です。それ以前は、いつ食べられるかわからない、とにかくお腹いっぱい食べるのだ、という時代です。それが言わば動物としての本能です。キルギスに住んでいた友人に、遊牧民の家にお呼ばれすると、ごちそうとして羊の脂の部分が出てくる、という話を聞いたことがあります。エネルギーがあるので、脂の部分がいちばんのごちそうだと考えられているのです。イヌイットなどもそうです。彼らもクジラやアザラシでいちばん美味《おい》しそうなのは、脂だと言います。あるいは海で遭難した人が、食料もなく水もない状態で、魚をつかまえて、まず最初にどこから食べたかというと、目と内臓だという話を聞いたことがあります。魚の目というのは、水分が多く、内臓には脂肪やエネルギーが詰まっています。不思議なもので、脂がある場所やエネルギーになりやすい部分に人間は本能的に飛びつくわけです。

言ってみれば、自制心というのは、人間の本能的な部分をいかに制御できるかの闘いです。そのため、自制心を鍛える上では、そもそも原始的な脳は、動物的、本能的にどういったものを求めているのかを理解することが有効です。理解してくると、何を食べることを控えるべきか、何を食べるのがよいかがわかってくるわけです。

コンディションを調えるために有効なものとして、精進料理も挙げられます。仏教においてなぜ肉食が禁じられているか、あるいは、なぜにんにくやねぎを食べてはいけないかについては、それらによって精がついてしまって、それが修行の妨げになるからだという説があります。仏教の「律」という出家者に対する決まりの中に、こういった食事を含む事柄の制限が書いてあります。その目的は、概して修行の妨げにならないようにすることです。たとえば女性がいると修行の妨げになるので、男性であれば、結婚してはいけない、などです。精進料理は本来、そのように精を抑え込むことを目的とした面があります。

自制心を鍛えるために、まずはそれを鍛えることができるような身体のコンディションを調えることが重要です。自制心は、多くの人が思い浮かべるような精神統一というものではありません。むしろ精神が落ち着きやすい、自制心が働きやすいコンディションを普段から作っていくことが重要なのです。

短時間でも習慣化することが大事

座禅や瞑想を続けていくと、脳の構造にも影響を与えていきます。「ニューロプラスティシティ」（脳の可塑性）という言葉があるのですが、私たちがすること、学ぶこと、経験してきたこと、また考えることすら、脳を直接変化させていきます。座禅にもそのような効果があり、前頭前皮質など、脳の考える部分に影響を与えます。それによって、認知能力が上がったり、記憶力が上がったり、感情のコントロールもしやすくなります。また、島皮質の部分も、灰白質の量が増えます。そうすると、脳のその部分が、より多くの情報を速く送れるようになる。その分活性化されるわけです。前頭前皮質であれば、認知力、記憶力、集中力、ロジカルに考える力などが活性化される。島皮質では、共感や自己認知力が高まる。海馬では、長期的な記憶力です。そういうさまざまな部位が活性化され、脳の機能が良くなります。さらに、扁桃体《へんとうたい》の活動が抑えられます。だからイライラしたり攻撃的になったりすることが少なくなる。そういうことによって、より幸せを感じられるようになり、なおかつ仕事の生産性や効率も高くなります。直接仕事に活《い》かしていけるわけです。

今までの伝統的なやり方の中にある知恵をそのまま伝えるだけではなく、今や脳科学でいろいろなことがわかってきたわけですから、座禅の効用を説く上で、それを活用すればいいと思っています。座禅における所作の数々において、人の心を鍛える上で、本質的に何が重要で何が重要でないかがわかるようになりました。伝統的なやり方では形式を重視しますが、形式の中でもどういうことが今の生活にとって重要なのか、どういうことが当てはまってどういうことが当てはまらないのかがわかってくるわけなので、座禅がより実践的になります。そうすると座禅や所作に意味を見出《みいだ》すことができ、日常的にできるようになる。それが重要です。

座禅は継続することで効果が表れるものです。お寺に来て座禅を行うと、「すっきりして何かに気付いたようです」と言う人がいますが、座禅は1回行えばすぐ効果が出るようなものではありません。すっきりしたとしても、それは一時的なものです。運動と同じで、継続しなければ意味がありません。

とにかくはじめてみて、何度もやっている中で、習慣化ができる。自分の生活に日常的に取り込めるような形になってきます。習慣化されることで定期的にできるようになるし、それによって結果が出てくる。自分ではわからないかもしれないけど、たとえば家族から、「最近すごくリラックスしてるね、笑顔が多いね」と言われたりする変化が必ず起こります。そうして自分で感情のコントロールがうまく行くようになってきたときに、たとえば10分間やってみる。そして続けば、20分、30分と延ばしてみてください。単にストレス軽減以上に、1日30分毎日続けると、前頭前皮質の発達や、海馬体の発達、島皮質の発達などといった脳の変化が生まれ、パフォーマンスの向上につながる効果も生まれます。

一方で、別にそういうことをあれこれ考えなくてもかまいません。たとえば会員登録してジムに通い出したからといって、全員が全員ボディービルダーのように体を鍛えるわけではないですよね。軽い運動であっても、定期的に続けていれば健康維持に大きく寄与します。そのためジムでは、ランニング・マシーンの上でゆっくり歩いている人もいるし、バーベルを使った筋力トレーニングをしっかりやっている人もいます。そんな感じでマインドフルネスも考えてもらってかまいません。毎日5分だけやっている人もいれば、さらなるリラックスを求めて10分間やっている人もいて、それを超えて、単なるリラックスだけではなく共感力やEQの向上を目指すのであれば30分、40分などとやってみるのが手かなと思います。そこは自分の目標に合わせてすればいい。ただストレスを軽減するだけでも、自制心や感情のコントロールは向上するわけなので、それによって人付き合いなどが改善されることは間違いありません。繰り返しになりますが、目標に合わせてやればいい。逆に無理して30分時間を取ろうとするほうがストレスにつながりますので、5分でも毎日やるということ、習慣化するということだけ意識していただきたいと思います。

第五章　世界に求められる共感とおもてなし

茶室はおもてなしをデザインで表している

4年ほど前からトヨタ自動車の海外の営業部長やマーケティング部署の方、ディーラーのオーナーを対象に企業研修を行わせていただいています。多くは外国の方です。妙心寺内の縁でお話をいただいたのですが、私は経営を勉強したわけでもないし、特にマーケティングなどはやったこともありません。そういう人間が、マーケティングやセールスをやっているプロフェッショナルな方々を対象に何を話せばよいのかと考えたときに、元々トヨタが重要視して活動に取り組まれている「おもてなし」というキーワードにたどりつきました。

現在では、おもてなしをデザインで表しているのが茶室だという話をしながら、仏教的な立場でおもてなしとは何なのかをお伝えすることにしています。

あまり意識されたことがないと思いますが、茶室というのは、禅的な思想が体現された空間です。まず、茶室は、にじり口から入ってくるようにできています。狭く、体をかがめながらでしか入れません。そのために、入ろうとすると、必ず手をつくことになります。その時に亭主に対し頭を下げていることになり、自分の威厳やそういうものを茶室の外に置いてくるという意味を持ちます。ですので、中に入った段階でお客さんは誰でも平等です。英語では「humble」（控えめ）になると言うのですが、自我を外に置いて、中に入り、みんなが平等になる、という思想がそこにはあります。

自分をとりまくものを一回外に置けるかどうかというのは、ビジネスを行う上で重要だと思います。肩書から離れず威張りくさっている人には、人はついていきません。社長であろうが何であろうが、受付の人にきちんと挨拶《あいさつ》をしている人かどうかが問われます。「実るほど頭の下がる稲穂かな」ではありませんが、茶室に入る段階で、まずそういうことが試される面があります。

おもてなしの本質は「柔軟性」

そして重要なのは、茶室はデザインがすごくシンプルだということです。

茶会は、お席について、茶懐石を召し上がって、一旦《いったん》外に出て、帰ってきて、お濃茶を飲んで、また外に出て、帰ってきて、今度はお薄とお菓子を召し上がるという流れです。

お客様が外に出て行くときに、亭主は設《しつら》えやお道具を少し変えます。自分が思い描いていたお客様の好みと、お客様の本当の好みが違うことがあります。むしろ、違うことのほうがほとんどです。茶室の設えは、お客様が来る前に全部セットしているわけです。けれども実際に来たお客様の感想や顔の表情などから、若干の違いに気付きます。それで少し違うのかな、これを少し変えてみようと、お客様が部屋を出ているときに直す。そうして、最後にお薄とお菓子を召し上がっていただくときに、お客様の好みにより近いものが出せるかということを亭主は考えて茶会を運営するわけです。

そのようなおもてなしを行うために、茶室自体はすごくシンプルです。茶室自体には我が無くて、非常に柔軟性があります。例えば、ラスベガスのホテルのスイートルームを対照にするとわかりやすいかもしれません。非常に高価な家具がずらりと並んで、これでもかというぐらい豪勢さがアピールされています。でも彼らの考え方もそれはそれで良いのです。「これがラグジュアリーだ。こういうふうに楽しんでください」というメッセージが込められています。

好みは人それぞれですから、ラスベガスのホテルのように、定義づけられているおもてなしのほうがわかりやすいという人もいます。しかし日本の場合のおもてなしの本質は、その柔軟性にあります。最初に主人がラグジュアリーを提示するのではなく、お客様の好みを読み取って、少しずつ気付かれないように直していくということです。そして、その心のありようこそが重要なのです。

主観的な見方をして、「お客様の好みはこうだ」という固定概念を作ってしまうと、それが押し売りになってしまいます。それでは結局、本当のおもてなしにはなりません。

茶室に、柔軟性を重視したおもてなしの考え方が読み取れるのは、禅的な考え方がお茶の世界にもつながっているということです。主観性を無くすこと、すなわち無我です。その無我という考え方が茶室のデザインにも出ているわけですし、おもてなしに対する

茶室の模様

お茶菓子、茶器、生け花、掛け軸といった設えを
客人に合わせて変えながら、もてなす。

イメージ写真／ PIXTA

亭主の心得としても出てくるわけです。

時間は1、2時間です。グループに分かれて茶室に入って、そこで私が説明して、それで外に出て、また大きな部屋でお茶の先生を前にお点前を見てもらう。そこでこれまで述べてきたような禅に関心を持つ世界の潮流や、実際の禅のやり方についての話をします。1回に30人ほどで、それを年に5〜10回行っています。日本の禅から発祥して、無我の心や主観性を抑えることの重要さを伝えることが、トヨタ自動車のカスタマー・ファーストの心に少しでも寄与できればと考えています。

消費者が成熟した国でこそおもてなしが問われる

実際に研修を受けた方々から寄せられる意見の中には、「柔軟なおもてなしの良さはわかったけれども、やはり豪奢《ごうしゃ》な、ラスベガス式のおもてなしのほうが心地好いのでは？」というものがあります。無論、その国に合わせて、ラスベガス式がいいということをくみ取った上で、それを行うのであれば、柔軟性に則《のっと》った上でのおもてなしができている正しい判断だと思います。

概して、そのような質問をされる方は、経済がまだ発展しつつある国で仕事をされているように思います。さまざまな国のビジネスパーソンと話をする中で、経済が成熟しきっていない国では、商品について、高い＝良いものという単純なイメージがまだまだ強くあります。80年代までの日本もおそらくそうだったでしょう。

しかし消費者が成長してくると、そういった単純なイメージが間違っているということに気付きます。値段や、素材に金やダイヤモンドを使っているかなど、そういうことでは商品の質はわかりません。金を使っていてもダイヤモンドを使っていても、良いものも悪いものもあるということがわかり、ケースバイケースの判断が必要だということになります。茶筒を金で作るとかそういうことではなくて、物の良さ、クオリティの高さに気付いてくる。物の構造自体や、どれだけ長く持つかなどに人々の目が行くようになります。

その段階でこそ、おもてなしの心は、より求められるようになります。消費者が成熟していくと、商品を売る側も成長します。売る側はあまり変な商品を作ると売れなくなるので、どこの会社もだいたい均一のものを作るようになります。この値段であればこういう感じの商品、というように質も価格も均一化してくるわけです。そうなると、差別化は商品の質においてよりも、サービスの質においてなされるようになります。どれだけお客様のことを理解してサービスができるか。それがおもてなしの精神が出る部分だと思います。

物質的な豊かさを達成すると、より精神的な豊かさに目を向けるようになります。たとえば、現在の中国ではお作法教室が人気を博しています。今までは、中国人が、お金を稼いで、海外に行くと、お金持ちだけど成金として差別をされてきた面がありました。それに気付いて、作法を身に付けて、欧米などに出たときに馬鹿にされない富豪になろうとしているのです。1、2年前は、座禅を体験しに来る中国人にはいかにもお金があるのだなという感じの人も多かったのですが、最近は作法や礼儀を非常に尊重する人が出てきました。「Corporate Coaching」ということも、中国人企業家はとても重要視しているそうです。

優秀なビジネスマンは店員に威張らない

作法や礼儀というのは、尊敬を集めるためのものではなく、自分と相手の両方を気持ちょくするためのものです。自分がお金を持っているからといって、言うことを聞けと一方的に要求を通そうとすれば、どこかでサービスが悪くなります。だから経営者でもお金持ちでも、優秀なビジネスマンは、レストランで店員に対してああだこうだ言って威張りません。自分のことを考えても、威張っている人間にきちんとしてあげようと思うかというと、なかなか思わないですよね。だから自分がおもてなしのサービスをしようとするのであれば、自分がお客さんになったときも、それなりのふるまいが必要だと私は言います。

結局は、自分が客という立場だったとしても、ウェイターやウェイトレスに対し横柄な態度を取るのではなく、その人に一個人として接することが重要だということです。

私が友人に伝えて役に立ったと言われることの一つが、レストランに行ったときにウェイターを「ウェイター」と呼ぶのではなく、ウェイターが来たときにすぐ名札を見てその人の名前を覚えたほうがよいというものです。ウェイター一般としてではなく、名札を見て、個人として接するべきだと。名前を覚えて、その人の名前を呼んで、「〜さん、ありがとう」と言うことによって、実際サービスは格段に向上します。それができる人とできない人とでは、経営者としても大きな差が出てくると思います。

それは経営者としてだけではなく、恋人とのデートのときもそうだと思います。デートのときに威張っている、あるいは傲慢な態度なパートナーを見ると、人は無意識に結婚したらこうやって威張られるのかと思ってしまうそうです。

お茶の世界はそういうことも教えてくれます。自分が良い亭主になろうと思うなら、良いお客になることも学ばないといけません。

共感力・利他の精神が成功につながる

これからの世の中において成功する上では、相手の心を思い描くことができる、共感力が鍵になります。そういった意味で、投資家の中に瞑想《めいそう》やマインドフルネスを実践している人が一定数いるのも、理解できます。投資においては、数字が読めること以上に、自分とは違う考え方の経営者に可能性があるかどうかを判断できるかどうかが重要になってくるからです。むしろ経営者の頭の中に入り込まないといけない。そこに入り込める人が結果的にリターンを得ていて、また得たリターンにより、世の中にどのような寄与ができるかを考えています。

日本にも利他の精神を持って事業を興し、成功しているベンチャーの経営者が増えているように思います。たとえば、奥田澪奈《おくだれいな》さんという女性経営者がいます。奥田さんは、元々音楽、ヴァイオリンをやっていましたが、困っている人を自分が直接救いたいと思って、医師になろうと医学部に入ります。しかし医者は会った人しか救えないから、もし100万人救いたければ会社を持つほうがいい、とアドバイスされ、貿易関係の会社を立ち上げたのです。

奥田さんのようなソーシャルベンチャー企業の人たちは、根底の部分で自己実現よりも利他を重視します。世の中を良くしたいという動機で、自分の仕事、自分の立ち位置の在りかを探っています。がむしゃらに儲《もう》けて自分が偉くなるという感じではないため、いわゆる「自己実現」を目指しているわけではありません。むしろ自分の夢が、最終的には利他の精神を反映したものになっている。社会はこういうところが間違っている、それを解決するためにどういう勉強が必要かを考えて実践し、成功しているわけです。

重要なのは、社会の中での自分の立ち位置を考えられるかどうかです。そしてそれを考えるためには、自己認知能力は欠かせません。今挙げたような、成功しているベンチャーの人を見ていると、世の中の問題点に若いうちから気付いています。そしてその問題点を改善するために自分が何ができるかを考えています。

たとえば医学部や一流大学においても、成績が良いというだけで入ってきた学生は、自分の目的を見失い、結局どこかで行き詰まる、という話を聞いたことがあります。医学部や東大、京大に限りませんが、自分の立ち位置を考えて、世の中を良くしていくために自分はこういうことをしようと考え、その通過点としてそれらの大学に行ったり、あるいは大学に入った後でそのような使命に気付けたりする人が成功をしています。そこでもＩＱよりもＥＱが非常に重要です。他人をどれだけ理解できるか、他人がどういうものを欲しているかをどれだけ理解できるかが問われてくる。逆に言えばそれを理解している人は、人生のいろいろなステージで自分の立ち位置が明確に見えています。

今、利他の実践を考える授業が、高校や中学ではじまっています。良い例が京都の堀《ほり》川《かわ》高校です。堀川高校では、世の中を改良するようなプロジェクトを考えて発表させる授業を行っています。１年生の時にテーマを設定して、３年生の時に発表する。必要なことの調査のために、実際の研究者のところに取材に行ったりもする。そういう形式の教育方法を採っている学校は今増えています。

新しい起業家は高い共感力を持っている

ペンシルバニア大学ウォートン・スクールで教鞭をとり、いま最も注目を集める組織心理学者の一人であるアダム・グラント教授は、著書『GIVE&TAKE――「与える人」こそ成功する時代』において、利己的な人間、計算高い人間よりも、他者を尊重し、協力を惜しまない利他的な人間こそが、現代の勝者になれると様々な実証研究から主張しています。

実際、今の起業家の方々は、共感力が非常に高いと感じます。共感力と、使命感があります。自分というものを知って、自分が世の中に対してどういうことができるのか、まず自分がと考えるのではなく、人間の生きる意味はどこにあるかに若いうちから気付いています。「情けは人のためならず」という言葉もありますが、結局、他人が幸せになることを助けることが、本人にとっての最高の幸せにつながります。カナダのサイモン・フレーザー大学のサラ・アクニン教授の研究によると、2歳の子どもでも、ものをもらうよりも、他人にものをあげる時の方が大きな喜びが得られるとのことです。人間はそうプログラムされているのです。

現代の起業家たちは他者を幸せにすることの喜びを知っています。そういう人は実は世の中にたくさんいます。みんな何かを世の中のためにやろうとしていて、しかもそれは決して1人の力では達成できないことがわかっている。そのため、いろいろな能力を持った人が集まってきて、それで一つの事業になるのです。

そこで共感力はかなり重要になってきます。そして共感力を発達させるためには、自己認知力が必要です。自分が人より秀でているものが何かを知らないことには、他の人に貢献できませんし、また自分に足りないものを理解していないと他の人に協力をお願いすることができないからです。

また、自分がどういう状況にあるかがわからないと、チャンスが来ても飛び込むことはできません。チャンスや人の出会いというのは、決して成功した人たちだけに与えられているものではなく、無数にある機会を、その人が運命的な出会いにできるかどうかの違いでしかありません。何か機会をもらったときに、自分がそういう状況に立つ準備が整っているか、行動に移せる余裕があるかが、成功する上での分かれ目となります。

常に型にはまらない開放的な考えができる人か、常に相手が必要としていることが理解できる人かどうか。そして最終的には、その目標に向かってどれだけ努力できるかという継続力がものをいいます。

自分を知り、ゆとりを持ち、幅広い考え方を受け入れ、継続して事業に取り組む――そうした一連の能力すべてに、禅のトレーニング・考え方が活《い》きます。そのため、世界のトップエリートたちは日々瞑想に取り組んでいるのです。

第二部　世界から注目される禅の思考

第六章　日本人が知らない禅の教え

ヒッピー思想の源流には仏教や禅がある

第一部でみたように、禅は世界中から注目を集めており、マインドフルネスは今、さまざまな分野で活用されています。ただ世界中と言っても、日本以外で、ですが。それが悔しいと思うのは、先ほど名前を挙げたジョン・カバット・ジン博士にしてもリチャード・デイヴィッドソン教授にしても、元々は仏教の影響を強く受けているからです。現在、世界中で権威と言われている心理学者や脳科学者は、およそ50代後半〜70歳ほどです。彼らの青春時代はほぼ60年代〜70年代初頭ですから、ヒッピーなどが取り入れた仏教の影響を色濃く受けています。

60年代のアメリカでは、反ベトナム戦争の運動が起き、そこでヒッピーが生まれます。ヒッピーについて社会からのはぐれモノ、というような印象を持っている方も多いかもしれませんが、実は、その発祥のときは、UCバークレーやスタンフォード大学などの名門大学の出身者、高学歴の人たちがその中核にいました。

それまでのアメリカの社会には、キリスト教的な考え方、つまり家族重視やそれらに代表される価値観がありました。ヒッピーはその伝統的な価値観に立ち向かい、西洋的な考え方とは違う思想を探し出そうとしていました。そこで彼らが見出《みいだ》したのが東洋哲学や東洋思想、仏教やヨガなどです。したがってヒッピーの考え方は、60年代〜70年代の仏教の影響を受けているのです。

その他にヒッピー思想に影響を与えたのは、日本の禅です。具体的に言えば曹洞宗《そうとうしゅう》で、マーク・レッサーも曹洞宗の禅僧としての側面を持っています。現在マインドフルネスの権威と言われている教授たちの多くは、日本の禅、特に曹洞宗や、私が属している臨済宗にかなりの影響を受けています。

すなわち、元々日本にあった禅が、海外に行って、今や世界的に普及しているということです。その状況を見ると、元々日本から発祥したものであるのに非常に残念だと思わざるをえません。日本や東洋から始まった仏教のあり方を、アメリカの教授たちが改良して、仏教者以外にもわかりやすくアプローチしやすい形に整えて、世界に広めていて、そしてそれが実際に多くの人の役に立っているのです。さらには個人の生き方として役に立つだけではなく、組織の改良や、大きな社会を変える役にも立っています。

一方、日本にはマインドフルネスがまだほとんど普及しておらず、禅に関する科学的な研究も皆無です。日本的な価値観が源流にあるにもかかわらず、マインドフルネスはただただ新しい概念として受け止められているのが現状です。

マインドフルネスと同じように逆輸入され、日本において認められているものに、「バウハウス・ムーブメント」があります。バウハウスは20世紀前半、第一次世界大戦後のドイツで開設されたデザイン学校で、存続したのはわずか14年間でしたが、「形態は機能に従う」「素材は目的とするタスクに合致したものとすべき」といった理念を掲げ、後のデザインや現代美術に大きな影響を与えました。バウハウス的な概念も、実は元々は日本から発祥しています。バウハウス以前の西洋の美的価値は、複雑なものほど価値が高く、素晴らしいというものでした。というのも、単純なものは作るのにあまり手間や費用がかかっていないからです。それに対して、複雑なものは、技術力が高くないと作れないし、手間がかかっている。そういう手間のかかったごちゃごちゃしたものこそ美しいのだという概念が西洋世界では主流の考え方でした。実際にヨーロッパの19世紀以前の芸術作品は、華美で、日本人からすればけっこうゴテゴテしているように感じるものが多いですよね。

19世紀後半から20世紀初頭にかけて日本に来たヨーロッパの作家たちは、茶室や日本の工芸品、絵画を見ました。その時に、シンプルなものなのにとても美しいと驚いたのです。そして彼らが国に戻り、後のバウハウスなどの流れを創りました。今でこそ日本人で、バウハウスの家具を集めていたり、北欧の家具はシンプルですごいと言ったりしている人がいます。でも、待ってください、シンプルな美しさは茶室を見ればわかるではないですかとついつい思ってしまいます。

そして、マインドフルネスも、バウハウスと同じような動きができないだろうかと思っています。私たちの住んでいる国に元々あって、世界にも誇れるものが忘れられている現状には、悔しい気持ちになります。そして、だからこそ、これから改めてその大切さを発信しなければならないと思っています。

世界は仏教の「無我」に注目している

リーマン・ショックで行き詰まった西洋の実践主義（プラグマティズム）は、二元論の考え方の下に成り立っています。仏教的な考え方は、その壁を回避するものです。善悪や有益無益の判断や区別が無い状態で、物事をあるがままに見られるかどうかを問題にするのが仏教です。

たとえば政治に関しても、「リベラル」という冠を付けられると、自分は、正義なのだと盲目的に思い込んでしまう人を見かけます。そういった方々は、視野狭窄《きょうさく》に陥って、「自分たちが正しい側にいる」と猪突《ちょとつ》猛進し、理性を失って、時に「反リベラル」の人たちに暴言を吐いたりするような、全くリベラルの本質とかけ離れた行動をしてしまっています。自らに対する他者の目線を失ってしまっているのです。

物事に対して主観を排して見ることが重要なのは、人間には「確証バイアス」、つまり脳が自分に都合のいい情報を選ぶようになっていて、興味がないことや反対意見に対してついついブロックをかけてしまう傾向があるからです。しかし、相手に自分の意見を聞いてもらうためには、まず相手の気持ちになって考えなくてなりません、つまり共感力が必要になってきます。自分がその人の立場だったらどう思うのだろうと、自他両方の考え方ができなければ、物事は多面的に見えてきません。共感が重要といっても、同意して他人と同じ見方になる必要はありませんが、両方の考えを理解することが重要なのです。

そのような、主観を離れて物事をあるがままに見つめる考え方が、仏教が今世界で注目されている背景にあります。マインドフルネスの文脈においては、現状は禅よりもチベット仏教の影響力が強くあります。それはなんといってもダライ・ラマの影響です。しかし、日本の禅もマインドフルネスの文脈で有効性を発揮できると私は思います。チベット仏教よりも禅のほうが、内面的な要素が細かく議論されてきた面があるためです。

時に、伝統的な仏教には様々な規律があるが、それらに従わなくていいのか、と言われることがあります。しかし私の考えでは、今言ったようなことは禅に元々あった考え方を現代風にわかりやすく伝えているだけで、伝統的なものを逸脱しているつもりはありません。ただ、伝統的な表現をそのまま話すだけでは、何を言っているかを理解されない可能性が高いと考えています。

さらに言えば、「こういう考え方でなければいけない」と固定概念を作ること自体が、禅では避けるべき事柄の一つです。

臨済宗の開祖である、臨済義玄《りんざいぎげん》という9世紀の中国の僧侶《そうりょ》の言葉の中に、「仏殺」というものがあります。「仏に逢うては仏を殺し、祖に逢うては祖を殺し、羅漢に逢うては羅漢を殺し、父母に逢うては父母を殺し、親眷に逢うては親眷を殺して、初めて解脱を得ん」という一節です。

「仏に逢うては仏を殺し」は、仏を本当に殺すということではなく、自らの中に生じた仏の像を殺せ、ということを意味しています。「仏」というものが自分の中で見えた、つまり仏という固定概念ができた段階で自分のやっていることから一度距離を置け、仏はこうであるとか仏教の修行はこうだという固定概念を持った段階で世の中があるがままに見えていないんだ、修行の本質的な意味がなくなってしまう、ということを諭した言葉です。「仏とはこういうものです」「仏教とはこうです」というように断言する方がいらっしゃいますが、「仏殺」の考え方からすれば、そういった主張はできません。禅という概念についても、固定概念を外した本来の柔軟な禅的なアプローチをすべきだと私は思います。

「禅は厳しい、難しい」というイメージ

これまで西洋世界における禅の普及について説明してきました。ここからは、日本社会における禅のありようについて、私の考えを述べていきます。

本書を読まれる前に、読者の皆さんは「禅」や「座禅」という言葉に対し、どのような印象を持たれていたでしょうか？　お坊さんが警策《きょうさく》を持って、「喝！」とやっている、そういう印象を持つ人が多いのではないのでしょうか？　多くの日本人が、禅は厳しいとか、伝統的で形式ばっている、というイメージを持っているように思います。

警策については、特にテレビ番組による影響が強くあるように思います。私が副住職を勤める春光寺にもテレビ局が何度か取材にこられたのですが、よく「テレビ的に欲しいのですが……」と警策を持つように希望されました。私のお寺では、基本的に警策を使いません。私が行っている禅の教室に対し、下調べせずに先入観で来るテレビ制作の方々が少なくないのです。そのため、最終的に取材を断ることもありました。それで、テレビ制作の方は最終的に警策を持って座禅を指導している他のお寺を取り上げること

になりますし、それをテレビで放送するので、やはり禅は厳しいものなのだという印象を強くするのです。

訪日外国人が非常に増え、東京オリンピックを控えているためか、今の日本のテレビ番組には、日本再発見をうたうコンセプトの番組が多いですよね。そういう番組であるにもかかわらず、結局のところ人々の先入観を強化するような番組になってしまっているように思います。再発見するための番組のはずなのに、最終的に固定概念を上塗りしてしまうのです。禅宗的な考え方には、主観を排し、あるがままに物事を見るというものがありますが、まさしく日本社会の問題は、メディアによって広められてしまった固定概念に支配されていることです。そして一度植えつけられた固定概念は、なかなか覆されないものですし、ましてや他者の固定概念を覆すのは並大抵のことではありません。

他には「禅は難しい」ということも、固定概念として植えつけられているように思います。その固定概念の原因になっていると私が思うのは、中学校や高校の修学旅行です。修学旅行で座禅の体験をしたという人も多いと思いますが、中学生や高校生に無理やり座禅をさせても、その意義がわかるはずがありません。わからないのだから、それで好きになる生徒はほぼいないのです。その結果、「京都に来て無理やりやらされた」というイメージだけが残ってしまいます。

さらに言うと、修学旅行に来ている生徒たちは気持ちがたかぶっていますし、どうしても騒ぎます。中学生は騒いでなんぼの年齢です。しかし騒がれては座禅ができないので、和尚さんは警策を使って、騒いだら叩《たた》くぞ、と脅かさざるをえませんし、実際叩かれたという人もいるでしょう。あるいは、叩くことこそが中学生たちに求められている、というある種のサービス精神を発揮する禅僧の方がいらっしゃるのかもしれません。いずれにせよ、座禅のイメージがそこで固まってしまい、大人になっても多くの人がそのイメージを持ったままです。

座禅のときにする法話も、難しい話をするお坊さんが多いのが現状です。修学旅行で来ている中学生に対しては、私は中学生がわかる話をすればいいと思っています。お釈《しゃ》迦《か》様や高僧の話を中学生にしても、たいていの子にはわからないでしょう。どうしても「嫌々やった」「嫌々聞いた」というイメージが強く残ってしまいます。座禅のことをきちんと理解してもらうために、これほど足を引っ張るものはありません。

禅のようなものに興味を持つのは、通常は働く中で幸せな生き方について考えはじめる20代後半から30代に入ってからです。誰かに言われて行うのではなく、そのぐらいの年齢で自然に興味を持ち、やりはじめるという感じがベストです。結局座禅は、自分から能動的に理解しようとして実践してみないと、わからない部分があります。禅は人間の本能的な部分に逆らうようなものの見方を行うため、受け身で禅を理解することはできないのです。

伝統無き時代には理論的な伝え方が必要

今の日本において、宗教は概して苦しい状況にあります。特に仏教は、葬式仏教という揶揄《やゆ》さえも聞かれなくなり、檀家《だんか》制が実質的に消えかかっています。その結果、ほとんどのお寺が財政的に圧迫されています。週末以外は住職がお寺におらず、平日は会社員や公務員、学校の先生などをして自分たちの生活をつなぎ、自分たちの給料からお寺の維持費をまかなっているお寺も実はたくさんあります。

そのような時代に宗教はどうすればよいのか。私は、まずは宗教というものに人間社会が求めてきた、人々の生活をよくするための知恵をきちんと伝えることが重要だと思っています。そして、そのためには伝え方の工夫が大事だと考えています。

私自身が宗教学を学び、そして自ら宗教家として歩みを進める中で気付いたのは、わからないこと、つまりは概念的なことばかりを話しても今の人、特に若い人には通じないということです。今の人には身近な実例に即する形で、理論的に話していかなければなかなか理解してもらえません。現在マインドフルネスにおいて起こっているような科学と宗教のコラボレーションが必要なのも、瞑想《めいそう》がどうして良いのかを理論的に説明できる僧侶が必要だからです。

なぜ人に一から理論的に説明しなければいけなくなったのか。もちろん、日本が近代化して、物事を因果関係でとらえるような科学的な考え方が普及したということがあります。そして同時に、日本社会の核家族化が進んで、家族や地域を基盤とした伝統の継承がなくなってしまっていることも大きな要因です。昔であれば、小さい頃に、自分のおじいさんおばあさん、そして近所のおじいさんやおばあさんが周囲にいました。そういう人たちが、近所のお地蔵さんに花を供えて水を替えたり、孫を連れてお墓参りに行ったりするなど、そういう習慣の中に仏教の伝統が残っていました。子どもはおじいさんやおばあさんを見て、和室への入り方などの作法を学んだのです。一から理論的に説明しなくとも、目で見ながら実体験をすることで、伝統をうまく学習できた時代がありました。しかし伝統が失われた今では、一から理論的に説いていかないと、次の世代には残っていきません。

だからこそ、私たち僧侶の側が、普通の人にとって生活からかけ離れた難しい話をしていては、ますます聞いてくれなくなってしまいます。非常に残念なことに、難しい話をすれば尊敬を受けると思っている聖職者も少なからずいます。それについては、はっきりと仏教者や宗教家に問題があると思っています。

元々、日本において仏教というのは、大陸から入ってきた最先端の学問でした。それが、密教が入ってきたあたりから、仏教は加持祈禱《きとう》を中心とする秘密の呪術的《じゅじゅつてき》なもの、あるいは一部の人間に学ぶことが許された特別なものとしての側面が強くなっていきます。そういう仏教のあり方に対し、人々の苦しみに寄り添わなくてはいけない、という考え方が生まれて、臨済宗、曹洞宗といった禅宗や浄土宗《じょうどしゅう》、浄土真宗《じょうどしんしゅう》、日蓮宗《にちれんしゅう》といった鎌倉《かまくら》仏教が生まれて、それが現在までの日本の仏教につながっています。現代においても信徒数でいえば、鎌倉仏教系の人のほうが多くいます。しかし、それでも凡人がわからないことは尊い、それがわかるあの人はすごい、という発想がいまだに強く仏教界には残っています。これは密教系だろうが鎌倉仏教系だろうが同様です。

たしかに昔の人はそういう考えを持っている人も少なくありません。お年寄りには、「私らには理解できないけど、あれをわかる先生はすごい」という人もいます。そういった方々に対して、仏教について知ってもらおうとしたときに、聖職者然とした態度で接したほうが伝わりやすい面もあります。

ただ、今の若い人の大半にはそれが通じません。「説明責任」や「アカウンタビリティ」という言葉がいろんな場面でいわれるように、聞き手にわかってなんぼが主流の世の中ですから、理解できない言葉で理解できない話をすれば人は離れます。

そもそも仏教においては、問いを「オープン・エンド」で終わらせて結論を出さないものがほとんどなので、話が難しくなるのは仕方がない部分もあります。しかし、そうは言っても、もう少し日常生活とつながりやすい話ができるはずです。座禅は非日常的なものだというイメージがあるかもしれませんが、まずはそこを取り払わないといけません。思い込みやイメージを取り払うには、論より証拠であり、いまでは脳科学が有効です。近代的な社会で瞑想をすることで人間がどのように変わることができるのかを説明するときに、科学的実証が役に立つのです。

日本文化の形式主義の限界

日本文化自体が、元来形式というものを非常に重視します。物事を習得するために、まず形から入るのが日本のやり方です。しかしただ形から入るのが難しくなってきたのが、今日この頃です。まず理論的に頭で理解してから実践することが、今や私たちの習慣になっています。

もちろん、形から入ることにも意味があります。美術家の友人などには、丁寧に教えられるよりも、師匠がやっているのを見て盗むほうがいい、と言う人もいます。盗むという概念はたしかに重要です。どんな分野の技術にもふつう、言葉では伝わらない微妙なニュアンスというものがあります。理論的な説明を聞くだけではなく、師匠がやっているのを見て盗むことが、その技術を本当に身につける上では、実は近道でもあります。説明が時に固定概念をつくり、理屈で考えるばかりで、手が追い付かない、ということも少なからずあるからです。

ただそれぞれの分野への入口としては、理論的に説明できないと興味を持ってもらうことは難しいですし、説明すれば、それで済むことも多々あります。日本人は概して理論付けて話をするのが苦手です。それは、多くの人が同じような環境で同じような価値観を持って育てられている、非常に単一民族国家に近い国だからかもしれません。

たとえば日本人は「なぜ?」と聞くことが少ないですよね。疑問を持たずに、「あ、そうなんだ」と流すことができるところがあります。私たち座禅を教える側も、形式ばかりに目がいっていて、なぜその説明なのかなどをあまり突き詰めて考えていない面もあります。なぜ座禅は「結跏趺坐《けっかふざ》」あるいは「半跏趺坐」という足を組んだ座り方をするのか、お坊さん全員が起源に立ち返って説明できるかといわれると、同業者として自信がありません。

もちろん理論的に説明したとしても禅に興味が持てない人は、ごろごろいるはずです。しかし、石川善樹さんが米倉章夫《よねくらあきお》さんという起業家と共同経営しているCampus for Hが3万人を対象にとったデータによれば、3.7~3.9%の人は、瞑想や座禅、ヨガなどを、最低でも2週間に1回は行っています。また、そういったものをやったことがあるという人が、7~8%前後でした。そして25~26%の人が、座禅に興味を持っている人たちでした。

まずは少し興味がある人たちの関心をどうすれば高められ、そして行動に移してもらえるかが課題です。そういった方々に「悟りとは何か」「無我とは何か」という問いに対する答えを、これまでの仏教で受け継がれてきた宗教的な言葉で説明してしまうと、わからない、難しそうだからと離れてしまいます。むしろ聞く側が普段使うのと同じ言葉で、わかるように説明しないといけません。現代人にわかりやすい言語は、科学的な実証を用いた論理的な言語だと私は考えています。

仏教においては、これまで難しい話を初めからすることで、関心がある人を遠ざけていた面があるように思います。物理学に喩《たと》えれば、最初から急に、超ひも理論（String Theory）や、物質と反物質についての講義を始められたら、物理学を学ぼうという気になりませんよね。むしろ入口は簡単なものがいいはずです。入口を最初に少し広げておくだけで、多くの人が禅の世界に入って来ることができます。入口が理解できたら、だんだんと奥深い、哲学的な話をすればいいと思っています。

お経そのものがありがたいわけではない

形式だけでなく、内実をいまの人にわかる形で伝えるべきだと思う典型例が、お経です。というのは、元来お経自体はありがたいものではありません。お経を読むと、多くの人がありがたがって聴いていますが、内容がわかっているかと聞くと、聴いているだけでありがたくて心が安まる、と言う人が多数派です。しかし、それではお経が本来持っているメッセージが伝わっているとは到底言えません。

春光院では写経を行っていませんが、その理由はお経の内容を理解せずに書かせても意味がないと思うからです。内容を理解してもらった上で書かせたり、覚えさせたりするのならわかります。しかしそうでなければ、字面をただコピーするだけです。お経はありがたいものだから、お経自体に何か特別な力があるという、言霊信仰や神秘主義的な思い込みに近いものが日本人にはあるように思います。

もちろん、お経自体に特別な力があるという考えにつながるような側面が、仏教にあるのは確かです。

仏教は伝来してから初期の時代は、学問という側面が強くありました。当時、仏教は最先端の学問であり、科学であり、医学でもあったからです。

ただ、平安《へいあん》時代の頃になると、調伏や呪詛《じゅそ》といった概念が出てきて、仏教は祈禱的なものに近づいていきます。お経自体がパワーを持っているとか、そういったイメージになっていきます。私自身は内容がわかってこそ意味があると考えているので、内容がわからずにありがたいと言うのを聞くと、どうしても不思議だと思ってしまいます。

もちろん、お経には非常に役立つ教訓が詰まっています。また、当時の言葉や社会情勢を理解して読むととても面白くもあります。

実際に面白かった経典の一つに、聖徳太子《しょうとくたいし》が読んでいたと伝えられる「維摩経《ゆいまきょう》」があります。維摩居士《ゆいまこじ》という一般人でありながら知恵を持つ長者が、仏教に帰依している菩《ぼ》薩《さつ》たちを論破していくという筋立てになっています。維摩経を読んでいると、オペラや劇を観ているような感覚にとらわれます。お釈迦様が部屋に入ってきたり、観音様が部屋に入ってきたりして、病で寝込んでいるふりをしている維摩居士と仏教について論じ合っているシーンがまさに目に浮かぶように書かれています。維摩経の中ではさまざまな菩薩が、ある物の見方の専門家として登場しますが、その発言を維摩居士が次々論破していきます。そうして仏教の固定概念をどんどん取り払っていくわけです。

維摩経の筋立ては、物語としての面白さが抜群で、『西遊記《さいゆうき》』を読んでいるような感覚になります。『西遊記』や子どもの絵本の話は、いかにもフィクションで、現実味はまったくありませんが、そこには教訓がたくさん詰め込まれています。同じように維摩経にはたとえば、「不二法門《ふにほうもん》」という、善悪を分けているのは自分の頭の中なのだから、善悪は元々は一つなのだという考え方が紹介されています。そういった教訓がある話を、お経だからありがたいものだと思って読むと肩が凝ってしまう人もいるでしょう。物語として読むほうが、より容易に役に立つ教訓を見出せるのではないかと思います。

般若心経は認知心理学である

おそらく日本でもっとも読まれているお経は「般若心経《はんにゃしんぎょう》」だと思います。お葬式の時に聞くだけだという人も多いと思いますが、実はこちらも内容がすごく優れています。例えば般若心経には「空《くう》」という概念が記されています。「色即是空」という言葉が出てきます。これを意訳すれば、自我や自分がなくなれば、すべてのものがなくなってしまう、ということです。これは今で言えば認知心理学そのものです。

仏教の考え方は実は西洋人には非常に科学的に映ります。海外の人の中には、釈迦は世界で最初の認知心理学者だと言う人さえいます。逆に言うと、西洋には、仏教が伝統宗教だという概念が無いので、科学者も仏教を宗教であるという考え方にとらわれずに、自然に受け入れることができるのです。

般若心経においては、「無我」という考え方がうまく説明されているように思います。普段人間は、主観的に物を見て、「美味《おい》しい――不味《まず》い」「善い――悪い」「美しい――美しくない」などと判断しています。しかし主観的な目線を外し、客観的に見たときに、世の中はどう見えるのか。物事を猫の目線で見たらどうか、犬の目線で見たらどうか、虫の目線で見たらどうか、同じように認知しているのか、それを考えます。そして、そういった考え方を、海外の人に対しては「no subjectivity」と紹介しています。

仏教では、あらゆる言葉で無我の考え方が紹介されています。たとえば「一水四見《いっすいしけん》」という言葉があります。直接的な意味は一つの水を四つの立場から見る、ということです。人間が川を見たときに、川というのはきれいな水が流れる、落ち着くところだというイメージがありますよね。その上で、天人には川はどう見えるのだろう、ということを考えます。天人は空を飛べますから、上空から川に水が流れているのを見ると、彼らの感覚では、川はガラスの床のようなものに思うのではないでしょうか。そして第三に、餓鬼の視点を考えます。餓鬼にとって水は毒なので、川は、毒が流れているものに見えます。餓鬼にとっては、非常に恐ろしいものとして映るわけです。さらに次に魚の目線を考えます。魚にとっては、川は自分たちが住んでいる場所であり、それ以上ではありません。

「一水四見」というのは、したがって、一つのものでもいろいろな見方があるという教えです。この見方が絶対、というものは存在しません。川の存在自体は真実ですが、それをどう見るかやどう思うかについては、どれかが正しいわけではないのです。

本当は物事のとらえ方は相対的なものなのに、自分の頭の中だけで良い悪いを決めている、というのが、普通に生きている人たちの現実です。ですから、自分の主観を取り除き、物事をあるがままに見ようとするだけで、とたんに苦しみや怒りといったものが消えることもあるのです。そして、このことこそが仏教がその根本において目標とすることです。

多くの宗教の目標は、人間を苦しみから救うことにあります。その意味では仏教も他の宗教も変わりません。しかし、苦しみを救うために、仏教の考え方では、善悪は頭の中だけの現象ととらえることに特色があります。ふつう人間は、物事の責任を自分の外にあるものに転嫁しようとします。「自分の人生がつまらないのは、あいつのせいだ」とか、「今面白くないのは、あの出来事があったからだ」などと、苦しみの根源を自分の外に求めてしまいます。

しかしそれは、もっと大きな視野で見ると、単に自分の経験や他人を、自分が思っている都合のいい状況や自分の願望などと比べて、「良い」「悪い」と言っているだけです。仏教は以上に説明したような考え方で、苦しみという現象をとらえなおそう、と提案します。あなたが苦しいのは、あなたが苦しいと思うような認識の仕方をしているからだ、だから、その認識の仕方を変えれば苦しみは取り除ける、このような考え方です。仏教は決してその意図するところが難しいわけではありません。現代に生きる私たちであってもすんなりうなずける、実に明快な論理を持っている宗教なのです。

第七章　幸せに生きるための禅の知恵

今を生きることの幸せをとらえなおす

座禅を行う目的は、心を落ち着けることにあります。つまり自分を安定させたものにすることです。人間は、感情的になるとどうしても一方的な考え方を持ちやすいですし、それを固持してしまいます。自分の意見はこうなのだと興奮して、自分の立場を守ろうとしたりしますよね。どうしても執着が湧いてくる。しかも視野がどんどん狭くなってきます。そうなってくると、自らの主観に則《のっと》ってしか物事を見ることができなくなりますし、それを強化するような情報ばかりに目が行くようになります。それによってさらに徐々に視野が狭くなり、現在の状況がどういうものかを大きく広い視野で見ることができなくなります。そうなってしまうと、「昔はこうだった」と昔のことを考えたり、「こうするしかないのだ」と非常に狭量な意見を持ったりします。このような状況に陥ると、今をベストな状態で生きることが難しくなってきます。

落ち着いて物事を見渡せば、物事の因縁や因果関係が見えてきます。今は一喜一憂しているけれども、大きな視野で見ればそれが普通の生き方だし、人間なのだから失敗もあるし成功もあると、執着の少ない考え方ができる。そのほうが今どういうことが自分に起きているのかを冷静に把握でき、より正しい判断をしやすくなります。

また、こうした姿勢は幸福感にもかかわってきます。人間の脳はポジティブなことよりネガティブなことのほうを強く感じてしまうようにできています。物事に対する自分の感情から距離を保つことができれば、一喜一憂の感情にとらわれず、この瞬間が幸せなのだと継続的に感じることができるようになります。それによってさらに幸せな自分のあり方もわかるようになってきます。

その結果として、何かがないと幸せではないということではなくて、無事でいることこそが幸せだという考えに気付けるようになります。生きているだけで丸儲《まるもう》けとまでは言わなくても、有事ではなくて無事こそが幸せなのだ、と目を向けられることで、生きる上での幸福感が格段に違ってきます。私たちは幸せになるには何かがないとダメだとついつい思ってしまい、そういった何かをどうしても追い求めて、焦ったり追い立てられた状態で日々を過ごしています。けれども、朝起きることができたり、娘と遊んだり、妻と一緒にどこかへ行ったり、ご飯を食べたり、そういうことが本当はすごく貴重で幸せなことなのです。だからこそ主観を排して物事を見る訓練が必要なのです。

禅は、いまを生きること、「living in a moment」を大切にします。今でこそ禅宗においてもご先祖様をどう考えるかについての教義がありますが、元々の禅の教えを学んでみると、人間は死んだらそこで終わりなのだという考え方が書かれています。だからこそ今をどう生きるかを重視するわけです。仏教全般にも、諸行無常というものを中心に、人間も世の中もはかないものだという思想があります。でもはかないから自暴自棄になって何をしてもいいのだということではなくて、はかないからこそ、貴重なものなのだから大切に生きていこう、という教えなのです。

仏教のように、無常観を切々と説いている宗教はあまりありません。仏教の経典は、読むとけっこう冷たく感じます。たとえばキリスト教の場合は、最後の審判があって、人間は永遠の生を与えられる、という救いがありますよね。しかしながら仏教では——死後に生まれ変わるかどうかについての考え方は宗派によって違いますが——基本的に人間は生まれては死ぬと書いてあります。残酷に聞こえるかもしれませんが、現実を見据えることが重要です。

仏教は人が抱えている苦しみに、その人自身がありのままに向き合うことによってそれを取り除こうとする宗教です。生は無常だと知ることで、瞬間瞬間が大切だということもわかってくるし、逆に、苦しみも一時的なものだとわかってくる。常に楽しみを固持しようとするのは無茶なことで、そこには無理が生じるのだと気付くようになります。その代わりに、ちょっとした幸せにも気付けるようになる。今自分は人生のどのあたりにいるのだろう、自分はいつ死ぬかわからないけど、いつ死んでも悔いがないような生き方をしようと、気付かされるわけです。その意味でも仏教は現実を生きるためのものであり、死後のための宗教ではないのです。

人は悪い出来事をより強く感じてしまう

先ほど、人間はポジティブなことよりもネガティブなことのほうを強く感じてしまうと述べましたが、一つの不幸な状況から回復するには、三つの良いことが必要だという研究があります。バーバラ・フレドリクソンという、ノースカロライナ大学の心理学の教授の研究で、彼女は『ポジティブな人だけがうまくいく3：1の法則』という本を書いています。彼女は、良いことの受け止め方と、ネガティブなことの受け止め方では、ネガティブなことのほうが3倍強い、ということを実証的に証明したのです。したがって人間が自分は今良い状態にあると思うのは大変です。一つの悪いこと、たとえば自分はこういう失敗をした、こういうところがダメだったということがあれば、その一つのことをカバーするには、三つの良いことが必要なのです。

この3対1の比率が、結婚のことになると5対1になる、という研究もあります。だから結婚は大変で、つまり伴侶《はんりょ》が不満に思うことが1個あったら、それをカバーするためには、5個良いことをしなければいけないということです。

これはジョン・ゴットマンというワシントン大学の名誉教授で、マリッジ・カウンセリングの分野の権威の研究で「ゴットマン比率」と呼ばれます。たとえば、夫婦で会話をしているのを聞いて、その中にポジティブな会話が五つあって、ネガティブな会話が一つある夫婦は、10年後に離婚する確率が低い。しかも彼の予測は非常に高い確率で当たるのだそうです。夫婦にいろいろな話をさせて、その様子を15分ほどビデオに撮る。そのビデオを見て教授は、その夫婦が10年後に離婚するかしないかを90％ほどの確率で当てることができるそうです。

私は、仏教的な考えをぜひ家庭生活の中で活《い》かしていただきたいと考えています。お寺でも結婚式を行っていますが、たとえば諸行無常や、非永久性の考え方はかなり評判よく受け止められます。出会った当初、結婚した当初から、人間はどんどん変わっていきます。しかし人は昔のイメージを引きずってしまうことが多く、それによってぎくしゃくしてくるということも多々あります。まずは相手も自分も変わっていくという当たり前の事実を肝に銘じましょうと話します。ほかには、本書では何度も述べていますが、主観性を排すということです。相手はこうだという思い込みがあるから、今現在目の前にいる相手が見えなくなってしまうのです。どうしても過去と比べてしまいがちです。あるがままの相手を受け止めることができる自分を持ちましょうと提案します。

私がお寺で行う結婚式では、先ほど紹介したような、ジョン・ゴットマンの、5対1という比率の話もします。5対1は、大変だよと。人間には良いことと悪いことが50％

ずつ起こるのだから。悪いところに目を向けるのではなくて、良いところに目を向けるべきだと。結局は50%ずつなのだから、良いところを見たほうがいい、という話をします。それが実は仏教的な考え方で、それを守れば結婚生活はうまくいくと思います、とお伝えし、それを誓う文面にサインしてもらうのです。

主観性を消すことで逆境を乗り越えられる

最近「レジリエンス（resilience）」という言葉を聞く機会が増えてきました。「逆境力」や「回復力」という意味の言葉です。

レジリエンスは、落ち込んだ状態から回復する力ですが、それには自らの主観を排して状況を見ることが必要になります。主観的には「失敗した、もうダメだ」と思ってしまうことであっても、たとえば「失敗したのは事実だけれど、これがもっと大事な場面ではなくてよかった」などという見方ができると、その失敗は糧としてとらえなおすことができます。プロ野球であっても、キャンプでの練習試合やオープン戦は勝敗には勘定されないわけですし、そういった試合で負けたことで自分たちの弱さや改善点もわかった、と前向きになれるのです。

人生では、あの時の失敗がなかったら自分は今こうしていないなとか、あの時は失敗したと思ったけど、そのおかげで物事をポジティブに考えることができるようになった、と思えることがあります。レジリエンス、つまり逆境力を持つために必要なのは、自分たちが陥った悪い状況を客観視して、そこから良い状況を考えることができる視座です。「失敗は成功のもと」ということわざがありますが、思考をその状態に持っていくことで、レジリエンスを発揮することができます。

そして、重要なのは、レジリエンスは鍛えることができるという点です。ロチェスター大学のロナルド・エプスタイン医師は実験からマインドフルネスが逆境力向上に効果的であると述べています。比率で見れば、たいていの人間にとって、良いことも悪いことも半々でしか起こっていないはずでしょう。あるいは特段自分だけがツキがなく、他の人ばかりに運が向いている、ということもないはずです。けれども人間はどうしても悪い方向ばかり目についてしまうので、落ち込み、物事を途中でやめてしまう傾向にあります。しかしその状況を主観を排してとらえることができれば、今度は良いことにどんどん気付けるようになります。そうすれば、ネガティブなことは減ってくるしポジティブなことは増えますから、3対1の問題を乗り越えることができます。だから「no subjectivity」というのは、今をよりよく生きる、「living a in moment」のために非常に重要な概念です。

仏教は非常に論理的である

いままでお話をしたように、仏教においては、最新の科学にも通じる、きわめて有益な知恵が詰まっています。

そして仏教は現代人でもすんなり受け入れられる、きわめて論理的な構造を持っています。お釈迦様自体についても、これまで日本で語られてきた法話ではよくわからないことでも、お釈迦様の考え方や、法話のエッセンスを理論的に説明すると、実は今の人にとっても、非常にわかりやすいものが多いのです。理論的なので、「仏教です」と言わなければ、言っていることとの内容に多くの人が納得するわけです。その上で、「実はこれは仏教の話です」と説明すると、多くの人が「えっ?」と驚くことも少なからずあります。ですから私は仏教の話をするときに、「お釈迦様」という名前を極力避けるようにしています。宗教を前面に出すと引いてしまう人も少なからずいるからです。

他の宗教においても、現在における伝え方について、同じことが言えるのではないでしょうか。たとえば新約聖書において、キリストが税務署の人間や娼婦《しょうふ》に対して救済を述べるシーンがあります。そこで税務署の人間と娼婦がなぜ同じ扱われ方をしているのかは、わからない人にはわからないでしょう。昔は税を集める＝お金に触るのはあまり良くないことだとされていて、自らの体を売ってお金を稼ぐ娼婦と同様に卑しい存在とされていた、そのような時代背景があるからです。

その意味では宗教の背景をきちんと説明すればいいのですが、その前にとにかく最初に結論を提示してほしい、というのが現代に生きる多くの人たちの本音のように思います。私たちは19世紀以前の人間ではなく、科学が発達した時代の中に育っていますから、理論的な考え方がいちばん腑《ふ》に落ちるわけです。それは科学の影響だけではなく、実践主義の、資本主義の社会に育っているからでもあります。結論や効果もわからずただ話を聞いて、ありがたいと思うことはなかなか難しい。わからないものが尊いという感覚は、今を生きている人間の大半には通じません。そういう嗜好《しこう》の違いに気付くためにも、「no subjectivity」が必要なのです。

第三部　社会を変える禅の実践

第八章　今の時代に禅をどう伝えるか

英語で禅の教室を始めた理由

私が春光院で禅の教室を始めたのは10年前の2006年です。その当時は、一般向けという形ではありませんでした。最初に始めたきっかけは、友人からの依頼でした。私は2004年の12月に、留学を終えてアメリカから日本に帰ってきました。そして2005年から、御縁のあった宮城県の瑞巌寺《ずいがんじ》の修行道場に1年行きました。

その修行を終えて京都に帰ってきたのですが、ちょうど、ロサンゼルスのカウンティ美術館（LACMA）にて、日本美術を担当している友人が、日本にお客さんを連れてくることになりました。ゼロックスの創業者の1人であるマックス・パレフスキーです。友人からパレフスキーが座禅を英語で体験できる場所はないかと相談されたのが、私が禅の教室を始めたきっかけです。

正直なところ私は、修行道場に行って帰ってきても、寺を継ぐ気はまだありませんでした。大学院に行って学者になろうと思っていました。実際にお坊さんを継ごうと思ったのは、座禅会をやり出してからです。2006年に座禅会を始めて、いろいろな人と話しはじめたときに、この仕事は面白いと感じました。それで2007年に副住職を拝命したのです。

それから座禅会を何回か行っていくうちに、友人の紹介などで、座禅を体験したいという希望者が増えてきました。そういう状況なら、一般向けにやってもいいのではないかと思って、2007年ごろから海外の人に向けて座禅の体験会を始めました。

私はアメリカに8年近く住んでいましたが、最初は、禅の指導をどうすればいいのか、手探りの状態でした。最初はどちらかというと伝統的なやり方で、正しい座り方を教えたりしていました。そのやり方でやっているうちに、座禅を教えるにも、文化や生活の違いを理解して取り入れないといけないのではないかという気がしてきました。アメリカの禅を見ていたのですが、そこも非常に保守的な方向に動いている部分がありました。

そういうものとは違う禅の教え方があるのではないかと思ったのです。春光院に座禅の体験に来る人は、海外で禅センターにいるような、禅に馴染《なじ》んだ人たちではなくて、どちらかというと観光客が多くなっていました。禅や日本のことをまるっきりわからない人に対して、ただそれはどういうことかを教えているだけであれば、周りのお寺と比べて特色もありません。

伝統的な禅のやり方でやっていて、警策《きょうさく》を持ってばしばし叩《たた》くお寺もあります。しかしながらそれをやってしまうと、バンジージャンプのような、観光地におけるアトラクションと変わらないと思いました。日本に来て、座禅というものがあると知り、歴史あるお寺に行って、通訳ガイドなどをはさんで座禅をする。そういうことをしても結局、「痛かった」「厳しかった」「不思議な体験だった」と、私たちがインドに行って蛇使いを見て面白いと思うのと同じ程度の体験にしかならないのです。そういう寺院のものと私の座禅の違いは何かと考え、私はアメリカに留学した経験もあるし、英語も喋ることができる。それならば、体験に来る人のニーズをもっときちんと聞くことができるのではないかと思いました。

宗教の作法には必ず背景がある

では座禅を体験しに来る海外の人がどういうものを求めているのかと考えました。たしかに、日本に来たからには特殊な体験をしたいというニーズはあります。旅先でしか得られない非日常的な体験をすること自体に価値を置いている人もいるでしょう。ですが座禅の体験自体をさらに良いものにしようと思ったときに必要なのは、日常生活に使える知恵をお伝えすることではないかと思ったのです。体験した海外の人が、ためになるものを学べてすごく良かったと思ってくれて、特別な訓練をしなくとも継続してやっていけるような、そういうものにしようとある時点で思いました。それで、より深く仏教を学ぶようになりました。体験会を始めた当初は、「これが禅のやり方です」「こう座ってください、背筋を伸ばして、呼吸はこうしてください」と、自分が伝統だと思っていることを単に教えていただけでした。しかしそのとき、伝統的なやり方が元々はどういう理由で始まっているのかを考え出したのです。たとえば、足を組む理由は何なのだろうと。伝統的なやり方では、微動だにしてはいけない、足の痛みに耐えなければばいけないという方針がありました。けれどもそのやり方をそのまま踏襲するのではなく、足を組む理由は本来何なのかを考え出しました。

私は大学で宗教学を学んでいたのですが、勉強を通して理解できたのは、宗教は、宗教だけを見ていてもわからないということです。宗教を学ぶときは、その宗教が発生した社会的・地域的なバックグラウンドをきちんと理解しなければ、その宗教の所作の理由がわかりません。どの宗教も、後代には新しい宗派などに枝分かれしていくのですが、やはりその宗教のそもそもの起源の時代を知らないといけない、当時の経済の状況や政治の流れなどを理解しなければ宗教は理解できないということを、宗教学を専攻する中で学んでいました。

座禅でなぜ足を組むかを理解するためには、同じようなアプローチを採り、仏教が起こった背景を理解しなければわからないと思いました。

そもそも仏教が始まる前にも、インドのヒンドゥー教の流れを汲《く》む苦行が存在していました。お釈迦様の話にもあるように、断食してずっと座っていたり、他の苦行者と一緒に苦行をしたりしていたのです。しかしお釈迦様は自分が納得がいかなかったので、ある日、シタールというインドの弦楽器の先生が、生徒に話している言葉を聞いてひらめきました。その言葉というのは、弦楽器は、弦を張りつめてしまったら、弦が切れてしまう、しかしゆるすぎると音が鳴らない、だから真ん中が良いというものでした。それで「中道」という言葉が生まれるわけです。

自分を調えて心地好《よ》い状態で、身を満たした状態で世の中に接すると、物事の本質が見抜ける、そういう考え方が仏教の中にあります。しかしそれと今の仏教の所作を比べたときに、おかしいのではないかと感じるようになりました。座禅をして足が痛い状況で、寒い中に座らせて、みんな震えながら厳しい修行をしている。これは元々のインドの仏教が言っていることとは違うと思って、どこでこういう文化になってきたのかを考え出したのです。

金襖は元来「豪華絢爛」ではない

当時の生活の感覚が失われているため、その本質が理解されていないことはたくさんあります。

たとえば寺院や武家屋敷によくある、金襖《きんぶすま》というものがあります。これについて、豪《ごう》華絢爛《かけんらん》だと言う人がいますが、私はそれは一面的な見方だと思います。たしかに金襖は、現代の明かりの中で見ると豪華絢爛です。ただ、現代の電気の明かりは昔は存在しなかったのです。昔の人は、蠟燭《ろうそく》や行灯《あんどん》、あるいは自然光の中で暮らしていました。しかもガラス戸も無く、障子を通した明かりです。そういうことを考えると、当時の室内はすごく薄暗い。金襖は、実は侘《わ》び寂びの世界です。

私は金による襖絵の表現の本質は、いまでいう、３Ｄ絵画のようなものではないかと考えています。薄暗い中で見ると、金が沈んで、描かれた絵が立体的に見える、その部分が浮いてくるのです。使われている絵の具も昔の岩絵の具で、瑠璃《るり》や紅珊瑚《べにさんご》を砕いて作っているので、発色も良いわけです。

目線の高さについてもそうです。東西問わず、絵は目線で飾る物だと言います。座ったときと立ったときの位置に飾るものなのです。昔は床に座る生活で、あぐらをかいたときに正面に来るように、襖絵も描かれています。そのことが現代人には直感的にわかりません。そのため、今の若い画家は、空間がどう使われるかを理解せずに襖絵や表具などを描いてしまうところがあります。洋間の感覚で暮らしている人は、自然と高い位置に絵を描いてしまう。なぜかというと、その高さが生活空間だからです。和室や和の感覚で育っている人は、自然と低い位置に描きますが、多くの若い画家はその感覚を勉強しないと理解できないのです。

さらに、襖絵は、設《しつら》えであり、壁紙です。贅沢《ぜいたく》ではありますが、あくまでわき役。昔の画家の描いた絵は、たとえば隣に花があっても喧嘩《けんか》しませんし、春光院の金襖の部屋で着物の展示会などを開いても、襖絵が着物と喧嘩せず、襖絵がすぐ壁紙になります。それが今の画家が襖絵を描くと、ファインアート、美術作品になってしまい、ほかのものと同居できないようなものになる傾向があります。現代の部屋でも、その物自体が浮かないように作る。部屋の空間の一部になるように作る。それは設えだということです。

芸者の白塗りも光の問題です。行灯や蠟燭による明かりしかない薄暗い世界の中で顔の輪郭などが見えるように作ってあるわけです。花街というのも暗いわけですから。そういう場ではあのようなメイクで顔が引き立つわけです。着物も現代的な感覚からすれば派手ですよね。歌舞伎や能の演者の衣装も、金糸などを織り込んだものが多い。しかし、派手さを出すことが第一義にあるわけではなくて、当時の暗い劇場の中ではああしないと見えなかったわけです。今の旅行会社や観光関連のパンフレットを見ると、芸者さんの顔がぺたっとして見えますが、あれは強い光で写真を撮ってしまうからです。

座禅ではなぜ足を組むのか

座り方の話に戻ると、昔の苦行者は、屋外で座って瞑想《めいそう》をしていました。仏教も最初にできた段階では、みんな外で瞑想をしていました。地べたに座るわけです。だから座禅をするときに、「結跏趺坐《けっかふざ》」や「半跏趺坐」という、足を組む座り方をします。足を組むと、膝《ひざ》の位置が腰より低い位置に来るからです。あぐらをかいてしまうと、膝の位置が腰より高くなりますが、足を組むと骨盤がくっと内側に入るので、膝の位置が低くなり、背筋が伸ばしやすい。そのような姿勢だと深い呼吸ができるため、気持ちを落ち着かせることができます。

もう一つ、いわゆるヨガも、姿勢を保つためのエクササイズです。インドの苦行者は、ヨガを行っていました。今は日本でもヨガをジムなどでやっている人が多いですが、身体のエクササイズ的な要素が強いですよね。しかし元々はヨガでいちばん大事な修行は何かと言うと、実は瞑想なのです。ヨガの、身体を伸ばしたり、特殊なポーズをとったりするエクササイズは、姿勢を保って瞑想をするために、体を柔軟にし、体幹を鍛えているのです。座禅で足を組むためには体が柔軟でないといけませんし、体幹が強くないと綺麗《きれい》な格好になりません。長く座っていると、体のどこかが痛くなってきます。

昔はインドでは屋外で座って座禅を組んでいました。日本の場合も、伝統的には屋内での床の生活だったから、足を組む必要性がありました。しかし考えてみると、現代人の生活は椅子の生活です。今の日本人はもとより、西洋の人に足を組ませることにはたして意味があるのだろうか、そのように考えはじめました。

先ほども申し上げたように、お釈迦さまの教えの中には、中道というものがあります。身を調えて、心地好い状態で世の中に接してこそ本当の悟りがあると書いてあるわけです。それなのに苦行の形式ばかりを重視しているのは、どうもおかしい、身を痛めつけるような厳しい修行をやりましたというのは、中道という言葉に合わないのではないかと思ったのです。

その結果、座禅の発祥などを一通り説明したうえで、心地好いやり方で座禅を体験してもらうために、まずは床での生活になれていらっしゃらない方には椅子を使ってもらっていい、と伝えるようにしはじめました。

禅そのものを諸行無常としてとらえる

座禅会に来られた海外のエリートの方々と直接話すことができるのは、私にとって大きな学びになっています。人と話すのはとても刺激になりますし、会話や議論を通じて、今の人が求めているニーズが直接わかります。中には「以前別の場所で伝統的なやり方で座禅を体験したことがあったが、叩かれただけで意味がわからなかった」ということを言われる方もいます。それでは座禅の本質をまったく伝えることができません。通じるようにするには、時代や文化に合うように、座禅をアップデートすることが必要になってきます。

そう考えると、この考え方は諸行無常そのものだと気付きはじめました。諸行無常が、仏教自体に当てはまるということです。「伝統宗教はこうだ」「座禅はこうだ」「絶対こうでなければダメだ」と言っている方もいますが、その考え方は諸行無常という概念と矛盾しているように思ったのです。そういう流れで、春光院の座禅会は今の形になっています。

今、年に延べ5000人が春光院に座禅を体験しに来ます。面白かったからもう1回来たと言って、何回か来る人も少なくありません。またその人が友人を連れてきたりもします。春光院の場合、インターネットを見て来たという人は少なく、友人から聞いて来たという人のほうが多いです。私は一方通行の講義をせず、毎回参加者と話しながらやっていく形式をとっているので、その中でいろいろなことがわかります。「自分にはここが足りないのだ」とか、「今度こう話してみよう」と考えながらやり方を変えていきます。したがって3ヶ月もすると、私が話す内容が若干変わってきます。そうするとすでに来たことがある人も、「今回は前回よりさらに面白かった」などと言ってくれる。身をもって、禅も生き物なのだと感じています。

人間らしさを見せることで宗教が身近になる

座禅会を行っているうちにいろいろなバリエーションも出てきたので、グループや人によってやり方を変えます。こういうグループだったらこういうことを話そうと、話したときの感じを見て、座禅の時間を長くしたり、異なるエピソードを紹介したりします。

一般的なやり方のときは、まず10分ほど禅についての説明をします。その後に私は、固定概念を外すということを始めます。日本人も海外の人もそうですが、禅や仏教に対してある種の先入観を持っています。先に述べたように、今の日本の場合は、禅は「厳しい」「痛い」というものです。しかし海外の場合は、仏教という大きな枠で見ると、チベット仏教やタイ仏教のイメージが強くあります。

座禅会では私が結婚していることにかなり驚かれます。タイやチベットのお坊さんのほとんどは結婚できないので、そういうイメージがあるわけです。そのようなときにはお坊さんも人間なのだということを見せることで、固定概念を外すことを試みます。

たとえば「毎日どういうことをしているのですか?」と聞かれたら、「6時30分頃に起きて、メールチェックをして、自分のツイッターを見て、『あ、フォロワーが増えてる』と若干心の中で喜んで、フェイスブックを見て、友達の最近の様子を知って、自分の瞑想を30分ほど行って、掃除をして、ご飯を食べて、娘が幼稚園に行く準備をして、9時から座禅会をやり、メールの返信などの作業をします」と答えます。結局みなさんと変わらないということです。

一般的には、お坊さんは、朝起きて、座禅をして、お経を読んで、雑巾《ぞうきん》で床掃除をやって、というイメージがあると思います。しかしそういうイメージ通りの説明をしてしまうと、参加者は、お坊さんは自分たちとは違う人種なのだと感じてしまう可能性があります。むしろ朝起きてすぐメールをチェックをしたり、自分の携帯を見たりするということを話すと、自分が実際やっていることでもあるので、親近感も湧くわけです。

宗教家としてのあり方は、人それぞれですが、私自身は自分が1人の人間であるということを見せることが重要だと考えています。日本のお坊さんには、お経を読んで、座禅をして、自分は常に特別な生活をしているのだ、と誇られる人もいます。でもそのことで、参加者との間に壁や隔たりができてしまう、さらには固定概念をより強化することにつながってしまうのではないかと私は思っています。

納得できてはじめて集中できる

お坊さんもふつうの人と同じ人間であるということを説いたうえで、日常生活の中で座禅を組んでいて、座禅を組んでいるから自分のことがより見えているし、自己認知も出来ているかもしれない、自己認知が出来ているから、他人のことにも気付きやすいのかなと思う、とそういう話に持っていきます。では実際に座禅をやってみましょう、と簡単なところから入っていきます。まずは背筋を伸ばして、呼吸をゆっくりにして調えて、それでやってみる。そこからですと。きちんとやりたい人は、足を組んで、手もきちんとして、しかしそれほど無理をしなくていいですよと。床に座るのが苦手だったら椅子に座ってもいいけれども、とにかく姿勢と呼吸にだけは気を付けてほしいと言います。そんな感じで、けっこうカジュアルな雰囲気で行います。それで1回20分座禅をしてもらいます。

その後に、座禅についての脳科学的な話をします。これまで述べてきたような、座禅がビジネスの世界でも、医療の分野でも、教育の分野でも使われているという話をして、座禅をより身近なものだと感じてもらいます。実践的に使われていることを知ると、参加者も日常生活に直結させやすいわけです。そういう実際の例を話して、では脳科学的にはどうなのかという話をしていくと、すんなり頭の中に入っていきます。

聞き手が納得するかしないかは座禅に取り組む上でとても大切な要素だと考えています。昔の伝統的な座禅のやり方では、参加者の頭にあいまいさが残るのです。足を組んで背筋を伸ばして座って、何も考えないようにしなさいと言われても、「どうすればいいの？」となってしまいます。

人間はあいまいな状況に置かれていたり、不安があったりすると、どうしてもいろいろなことを考えてしまいます。たとえば、自分はきちんと座っているのだろうか、とかそのような考えが頭をよぎりやすくなります。それで、座っていることについて考えてしまったので、心が無ではないなどと思ってしまう。

私が最近脳科学の話を少し入れるようにしているのは、そうすることで参加者が納得してくれるからです。集中しても、集中が途切れたときにいろいろなことが頭に浮かんでくるのは、自分に雑念があったり煩悩があったりするからではなく、あくまで生理的な原因があるのだとわかれば、「座禅がきちんとできているか？」といった不安を消すことができます。

脳は、体の中でも非常に特異な場所です。重さだけを量っても、全体重に占める割合がそれほど大きくありません。体重比では全体重の約2％ほどの重さです。しかし、その2％ほどの部位が、身体が消費する全カロリーのうちの20％ほどを消費しています。つまり脳というのはとてつもなくエネルギーを使う部位なのです。

長く集中していることが不可能なのは、集中しているときには、脳はエネルギーを非常に多く使うからです。逆に、人間は通常の状態では、ぼーっとしていていろいろなことが頭の中にふわふわ浮かんできます。どうしてもそういう状態になってしまうのは、脳が普段無駄なエネルギーを使わないようにしようとするからです。

人間の歴史を振り返ると、飽食の時代になったのはごく最近です。人間は今日食べたいものを選べるようになりました。そうなったのはせいぜい50年前です。それ以前は、あるものを食べるしかないし、あるときに食べるしかない。常に空腹との闘いがありました。食べられるものを食べられるときに食べておかないといけなかった。だから人間は、脂肪と糖分が多い食べ物を美味《おい》しいとどうしても感じてしまいます。

歴史上、空腹に何日も耐えるような状況の中で人間は過ごしてきたために、そういう状況で脳や体が機能するベストな方法は、エネルギーをセーブすることでした。したがって、集中が切れて雑念が湧いてきたりぼーっとした状態になったりするのは、人間が進化の段階でそういうふうにかたちづくられてしまっているからです。そういうことを理解すると、人間がぼーっとするのは当然のことだとわかってきます。

科学的な知見でこそ現代人は動く

禅に対して納得してもらうために、これまで述べてきたようなさまざまな科学的知見を紹介しています。

「おもてなし」の研修も行っていますが、実はそのおもてなしもある程度はデータ化できます。その上でデータ化できない部分は人間の能力、EQにかかっています。

「獺祭《だっさい》」という日本酒をつくっている旭酒造という会社があります。「獺祭」は非常に人気のある日本酒の一つですが、実はこの蔵には杜氏《とうじ》がいないのです。会社が傾いたときに杜氏が去ってしまったので、杜氏の技術をコンピュータでデータ化して、管理によってお酒を造ることになりました。そういうある程度のデータ化はおもてなしについても重要です。

伝統的な工芸において、今後データ化はますます進むでしょう。いまの時代には、データ化されていないと、職人を教育するのが難しいからです。「師匠の背中で覚えろ」というのはたしかにそうなのですが、そうなると教育できる人の数が限られてしま

います し、非常に多くの種類の仕事がある現代において、粘り強くついていける若者はそう多いわけではありません。そのため、どうしても伝統産業に従事する人が少なくなってしまいます。けれどもある程度データ化することによって、可能性がある人間をもう少し教育できるわけです。その上でアドバンスということで、師匠と言われる人たちについて学ぶ、というのが良いと思います。

無論100％は無理です。結局のところは対面の人間関係が重要です。ある程度まではデータ化できるので、そのデータをトレーニングに使うことはできる。ただそれ以上は個人の問題になってくるので、状況を見て人間が柔軟に対応していくべきです。

私が行っている仏教の取り組みもそうです。個人はみんな違いますから、宗教や人の幸福の話、座禅の話は、最終的には相手の表情を見ながらでないとできません。スタンダードな人間ばかりがいるわけではありませんから。ただポイントを理解しないと、両極端の人もわからない。だからある程度のデータ化は必要です。座禅の効果についても、データが取れるのであればデータ化していく。これを積極的に推進しようとしたのが、ダライ・ラマ14世であったことは先に述べた通りです。

実は医学もサイエンスになったのは19世紀で、本当に最近だったということを石川善樹さんに教えていただきました。それまでは、病で苦しんでいる人間の血を抜いて、その人がぐったりしたのを見て、「治った」と言うなどという、無茶苦茶なこともあったそうです。その意味では古代ギリシャから19世紀の頃まで、医療はほとんど変わっていませんでした。それはなぜかというと、医療行為の結果として本当に治っているのかどうかを検証するための、人間の身体についての知識と技術がなかったからです。

それは瞑想の場合も同様です。瞑想と科学を一緒にするなという人もいますが、技術的にはデータ化が可能になってきています。先にも述べましたが、今は最先端の機器を用いて脳の動きをより正確に把握できるようになってきました。これまでであれば、瞑想の効果は表面上からは理解できず、心理学でさえ70年代には、人間の行動を見て心理や、心理の行動への影響を考えたりするという程度のものでした。しかし今や脳科学が発達してきて、表に出ない感情のたかぶりや、無意識レベルの変化までわかるようになってきたのです。

今後、瞑想の効果がよりデータとしてあらわれてくるようになるでしょう。そういったデータを語らずして「無になることですべてが見える」などと説明するのは、極論をいえば19世紀以前の医師のようなものです。

科学的な研究によって、長年の経験や昔の教えが裏付けされてくると思いますし、様々なデータが仏教や瞑想をアップデートしていくと思います。それが将来の禅だと思いますし、仏殺のような、柔軟で固定概念を持たない宗教のあり方だと思います。

瞑想は元々習慣付けるという意味

先にも述べましたが、チベット仏教では、瞑想はｇｏｍといって、「慣れる」「習慣付ける」などという意味です。したがって瞑想は元々は、何か特別なものに到達するとか、そういう意味合いが強いものではありませんでした。ですので座禅をするときに雑念が頭の中に湧くのは当たり前です。瞑想はある種の「脳トレ」、脳を変化させるための手段であって、それを行えば何かに到達するというものではありません。人間の脳の成長は筋肉に似ています。自分がすること、学ぶこと、考えることで、それに合った形に脳の構造や回路を変えるわけです。

そのことを理解すると、座禅は非常にやりやすくなります。理解をすると、あまり無駄なことを考えなくなります。逆に理解をしていないと、結局不安になっていろいろなことを考えてしまう傾向にあります。座禅の参加者に「座禅はどうでしたか？」と聞くと、「頭の中にいろいろなことが浮かんで大変でした」というようなことを言います。しかしどういうことが頭の中で起きるかがある程度わかっていれば、「これでいいのだ」と思うことができ、座禅自体を集中して行うことができるようになります。

会社で、新入社員がよく失敗してしまうことも同じようなことかもしれません。新入社員は、どういうふうに行動していいのかがわかりません。よく新入社員は自分から質問をしないといわれます。それは、どこまでのことから聞いてよくて、どこまでのことを自分で判断していいのか、わからないから聞けないのです。そして、その不安の中で仕事をするので、パフォーマンスが下がってミスをしてしまう可能性も高まります。きちんとした情報を与えていれば、人間はやるべきことに集中できます。不安があると、そのことにばかり頭を使ってしまうから、結局失敗してしまう。それで悪循環が起きてしまうわけです。それは座禅も同じだし、日常生活でもそうでしょう。

……という話を私はします。「とにかく日常生活とつなげる」ことを私は意識して行っています。禅に対して思われている、崇高な、特別なというイメージをまずは取り払うべきだと考えているからです。

座禅は崇高で特別だという考えを持つと、特別なものなのだから、特別なことをやらなければいけないと思ってしまいます。それを行うことによって、自分は特別な者になるのだという勘違いも生じます。時に自分は普段から座禅を行っているから、他の人より優れているのだ、あるいは初心者向けの講座ではなく、上級者向けの講座を開いてくれ、と言われる方がいます。これは、日本人、海外からのお客さまを問わずいらっしゃいます。でも、そのような方に対しては、そういう考え方をするのなら、禅の真意に近づけているとは私は思いませんし、あなただけのために禅を教えようとも思いません、と伝えます。座禅を行う中で、修行している自分が偉いというような、エゴが出てくるのは、ある意味で仕方がない部分もあります。日常生活において、貴重な時間を費やして座禅をしているわけで、それに見合うだけのリターンを得たいという気持ちが出てくるのは、人間として当たり前のことでもあります。

でも、そう思ってしまっている自分というものを見つめ、「自分はこれだけやっています」ではなくて、「自分はまだ初心者みたいなものです」と考えられるようになることが、禅を理解し、実践するということです。座禅をきちんと行っていれば、自分はまだ何も知らないということがだんだんわかってくるはずです。

他の物事に関しても、できる人というのは、自分は何もわかっていないということがわかっているから、どんどん勉強をします。「自分はこれだけやった」と言って威張っているような方には人はついていきませんし、尊敬しません。それと一緒です。自分は特別だと思っているということは、自他の価値を区別しているということです。仏教の教えは、区別をせずにみんなを平等に扱うというものですから、自分だけ特別な存在になったと思っている時点でおかしいと思います。

「結婚は執着にならないの?」にどう答えるか

海外の人からよく出る質問に、「どうすれば禅を修行していることになりますか?」というものもあります。しかしその場合、私は答えるよりも、参加者に質問します。「仏教や禅についてどういうイメージでいますか?」と。そこから始めて、固定概念を外していきましょう、それが本当の仏教です、という流れに持っていきます。

「悟りとは何ですか?」という質問もありました。悟りについては、宗派によって考え方が違うので一概には言えません。

上座部仏教においては、悟りというのは、輪廻《りんね》から抜け出すということです。上座部仏教では、生きているということが苦です。現世で悪いことをすると来世は虫になる、というような考え方がありますよね。

けれども禅宗の場合、悟りというのは、「気付く」ことです。仕事をして成功したときに、「成功した、良かった」と思っても、その時にふと気付く自分がいますよね。成功したと思った瞬間にその瞬間は過去になっているとか、喜びや幸せがずっと続くはずはないのだし、また一から頑張らなければいけない、などと切り替える。そういう考え方ができるようになれば、それが悟りだと、現時点での私は思っています。悟りを1回開けば何か特別なものになる、という考え方ではありません。

その他には、ベジタリアンなのかとか、結婚しているのかなどと聞かれます。「指輪をしているけど、結婚しているの?」と聞かれ、「している」と答えると、「それが執着にならないの?」と質問されます。私は、「好きな人のことだから執着になるかもしれないけど、それが人間というものではないですか」などと返します。「そういうことがわからない人間と話してもわからないでしょう」と。そういう質問をされたときには、タイのお坊さんなどの話をするよりも、「カトリック系の聖職者とプロテスタント系の聖職者を比べてどう思う?」と聞きます。「結婚のアドバイスを聞く上では、聖書に則《のっと》ってだけでなく、実体験も交えて話を聞けたほうが、うれしくないですか」と。

友だちと話すときも、子どもがいないカップルといるカップルでは、話していてもギャップがあるという例を出したりもします。子どもができると生活スタイルがまったく変わってきますよね。たとえば私も、娘ができるまで、子どもがいる人の生活のパターンがわかりませんでした。ですから、友だちを遊びに誘って「ごめん、子どもが」と言われると、ついつい付き合いが悪いな、と思ってしまったこともあります。けれども、今は夜、友だちからご飯に行こうと誘われても、「子どもの送り迎えがあるからごめんね」と言うこともあります。そういう苦労も、実際に経験するとわかるようになります。お坊さんや宗教家も人間です。だからこそ、人間的な活動を通じて、視野を広げることも大切だと私は思っています。

チベットの高僧が教えてくれたこと

結婚はたしかに伝統的には禁じられていますし、私自身も、家庭や俗世を捨てて修行に集中している人に出会ったとき、尊敬の念を持たざるをえません。しかし逆に、中にはそういう修行の特別な空間が心地好いと感じている人もいるように思います。そういう人は、温室の中で育てられた花のような感じで、いざ外に出すとすぐ枯れてしまう。道場の中では高僧だったのは間違いないはずなのに、外の社会に貢献できないようなお坊さんもいらっしゃいます。一方、いわゆる人間的な日常生活を経験している宗教家は、宗教と生活をリンクしながら常に考えます。無論、宗教が生活の道具にしかなっていない人も少なからずいるようにも思いますが、仕事もあって、家庭もあって、という中でやっていくことも、ある意味では修行だと思います。

そういう点では、春光院に来た、トゥルク・ジャミヤング・リンポチェというチベットの僧侶の話は印象的でした。リンポチェという尊称は化身ラマまたは転生ラマという意味です。チベット仏教では、ダライ・ラマだけではなく、いろいろな高僧が輪廻転生します。彼は私より1歳上の高僧で、自分のところのお寺には、自分が管理している2000人の修行者がいるのだと言っていました。

彼と話すまで、実は私自身、チベット仏教に対してすごく崇高なイメージを持っていました。仏教を教える立場でありながらそう思っていたので、私自身も仏教に対して固定概念を持った人と変わりません。日本のお坊さんは、酒も飲むし、夜の街に遊びに行く人もいます。そのような自分たちは俗人だけれども、チベット仏教のお坊さんたちは崇高な聖人だと思っていたのです。しかし彼が言っていたのは、「自分のところの修行道場には2000人いるけれども、月に5人ぐらいは、街で酒を飲んでいるところを見つかるし、ケンカもたまにある。けれどもまあ、そんなものです」と。私のチベット仏教のイメージが崩れました。

「でもね」と彼が言うのです。「2000人もいて、その中で泥酔する人間が月に5人しかいないのは、すごいよね」と。「2000人もいて、月にケンカや口論が5件しかないのは、すごいよね」と。仏教を勉強しているから数が少ないのだというわけです。「一般の大衆2000人のデータを取ってみれば、泥酔する人間がおそらく100人以上はいるでしょう」と。たしかに、東京の新橋《しんばし》や大阪の難波《なんば》で2000人つかまえてくるのと、チベット仏教のお坊さんとでは泥酔者の数が違うはずです。泥酔したり、ケンカをしたりする人間もいるけれども、数が少ないから、仏教の修行はそれなりに効いているのではないか、と言うのです。

「この教えを守れば完璧《かんぺき》な人間になる」と考えるのは間違いです。彼は宗教家も人間なのだから、それを見せてあげることで街の人も逆に安心すると言うのです。泥酔やケンカなどがあるけれども、数が少ないように、私も夫婦で言い合いをすることもあるけれども、一般に比べればそれも少ないのかなと思います。これは、仏教はたしかに「living in a moment」に役立っているということです。

これをやれば完全な人間になれる、というイメージを、仏教の世界もどうしても持とうとします。ただそうではなくて、逆に人間性を出して、でも他の人と比べたら少ないのではないか、と説くのも、宗教の貢献の仕方の一つだと思います。

「選ばれし完璧な人たちなのだ」と考えるのではなくて、「人間なのだから間違いもある。でもある程度考え方を知っていたら、そのミスも減るのでは？　ミスはゼロにはできませんが」と。だから、禅の教えは、よく生きるための知恵である「Well-Being」なのです。

第九章　私が同性婚を支援する理由

心理学者を志しアメリカに留学

現在、私は海外に禅を教えている僧侶《そうりょ》というよりも、「同性婚を支援するお坊さん」として紹介されることのほうが多くあります。ＬＧＢＴ問題全体に関心を持ってさまざまな活動をしていますが、主に海外の人たちから、様々な形で相談を受け、13組の同性カップルの式を当院で行いました。

なぜ、このような考え方に至ったのか、それには私自身の出自が大きく関係していま す。そして、このことは、私が自ら「禅的な生活」の実践を試みていることをお伝えしていることにもなります。これをご説明することが、禅的な考え方を生活に取り入れる上で、少しヒントになると思いますので、少し長くなりますが、お付き合いください。

私はお寺に一人っ子として生まれ育ちましたが、父や家族は、寺を継げとか、寺に生まれたからお経を覚えろとか、そういうことは言いませんでした。元々あまり仏教に興味を持たせようとはしなかったのです。自然に関心を持たないのに押し付けるのはおかしい、という考え方でした。もちろん掃き掃除や、お彼岸やお盆の手伝いはさせられたのですが、それ以外お寺らしいことはありませんでした。

ただお葬式や法事を見ていて、子どもながらに仏教自体に猜疑心《さいぎしん》があったのかなと思います。お寺で育っているだけに、逆にお坊さんに崇高なイメージはなく、裏側も見えていたのかもしれません。お坊さんを1人の人間として見ていたのだと思います。父がお坊さんで、近所のおじさんもお坊さん、という感じでした。高校を出るまではお寺で育ったので、周りがお坊さんで、親戚《しんせき》にもお坊さんがいました。だからお坊さんも普通の人だというイメージがありました。

学校では友だちから「お父さん、お坊さんだからすごいの?」と言われるのですが、父は普通の人で、みんなのお父さんと変わらないという目で見ていました。普通の人と変わらないのに、和尚さんと呼ばれている人たちを見るのが不思議だったということがありました。

もう一つ、自分自身の宗教観をかたちづくったものにオウム真理教の存在があります。80年代後半から90年代には新興宗教がいろいろと登場し、メディアをにぎわせていました。その時に、宗教というのは、うさん臭い、不思議だなという思いを強くしました。麻原彰晃《あさはらしょうこう》が空中浮遊をしているとか、そういうのを信じる人がいることにも驚きました。それで宗教は人を翻弄《ほんろう》するマジックなのかなと、ついつい思ってしまっていました。

特に80年代は、一般社会だけでなく、お寺もバブルでした。その時に高級外車を乗り回すお坊さんも出てきましたし、織田無道《おだむどう》みたいな人も出てきました。織田無道は脱税で破門されましたが、私が所属する妙心寺派でした。彼はフェラーリに乗ったりしていましたよね。そういった流れの中で宗教家に対する目線が厳しくなったのです。90年代の京都では、檀家《だんか》さんが減っていくという問題はまだ顕在化しておらず、なぜ宗教という怪しいものに人が集まるのだろうというイメージのほうが強くありました。

私自身が興味を持っていたのは、心理学です。中学生の頃に「それいけ!!ココロジー」という番組があり、心理学ブームがありました。フロイトの本を読んで、宗教よりはなんとなく納得がいくと感じました。そして大学でも心理学をやろうと思ったのです。

アメリカに留学することに決めたのは二つ理由があります。

一つは高校時代のホームステイです。

高校時代、陸上部に所属していたのですが、京都市と神戸《こうべ》市とが、ワシントン州と交歓試合をすることになりました。その時に、アメリカの学生をうちのお寺で預かることになったのです。私は別に選抜に選ばれるような選手ではなかったので、留学生を預かるだけだと思ったのですが、監督が気を利かせてくれて、「お前はせっかくアメリカの学生を預かったのだから、アシスタントとしてアメリカに行け」ということで、アメリカに留学させてもらう機会を得たのです。その時の滞在は、2週間ほどだったのですが、私はアメリカの高校生の中に自然ととけ込んでいました。言葉は喋《しゃべ》れないのだけどなんとなくみんなとコミュニケーションがとれている自分がいて、馴染《なじ》めたのです。この国は面白いや、アメリカは合うかもと感じました。

もう一つ、影響を受けたのが、父の友人、Rinzai Zen Missionの山口良三《やまぐちりょうぞう》先生です。

この方は、ハワイのマウイ島でお寺をやっていて、もう40年近く向こうに住んでいらっしゃいます。中学生のときに初めてお会いしたのですが、そこで檀家さんがお寺に来て、お寺の仕事を手伝っている様子を目の当たりにしました。本当の宗教家はこういうものだというのを、その人が教えてくれたのです。その後、陸上の交歓試合から帰ってきてすぐに、ハワイのお寺にお盆の手伝いに行きました。そのときにハワイのお寺の方々といろいろ話をして、海外のお寺のシステムについても学び、やはりこの国は面白いと思いました。

高校を出てすぐに、アメリカに行って、語学学校を見つけ、ヒューストンのライス大学の語学学校に通いました。そこには、面白い人がたくさんいて、今でも親交がある人たちもいます。学生の中で「フリーチベット」の運動をやっている人と友だちになって、チベットのお坊さんなどと話したりもしました。でも彼らと話しているときに、自分がお寺に育ったことを最初は言うことができませんでした。寺の生まれだと言ったら、質問攻めにあうと思ったのです。それでダライ・ラマの本などを買い、仏教の本を大量に読みはじめました。アメリカに来て、初めて私は仏教を学ぶことになったのです。

LGBTの友人が言ったこと

語学学校でつながりのあった友人が、私のLGBTをめぐる活動のきっかけになりました。その友人はゲイだったのですが、私はそれを知らず、コーヒーショップに行ったときに、ゲイに対して差別的なことをぽつりと言ったのです。

すると友だちから「それはどういうことだ？」と言われました。「実は俺もゲイなんだ。お前はそれで俺のことを差別するのか。自分だってアジア人だからという理由で差別されたら嫌だろ？『ゲイだから』とか『アジア人だから』とか、その人間のある一点だけを見てその人間を全否定するのか」と言われたのです。「自分だってそういう差別をされた経験がたくさんあるんじゃないの？」と。

ヒューストンではそんなことはありませんでしたが、テキサス州の田舎やミシシッピー州やアラバマ州に行くと、露骨に人種差別を受けた経験がありました。そういう経験があったのにもかかわらず、友人に対して無遠慮なことを言ってしまったのです。自分もアジア人を差別する人たちと変わらないと思い、強く後悔しました。それがきっかけで、私のＬＧＢＴに対する考えも変わりました。

後に、周りにいる人間の中にいろいろなＬＧＢＴの人もいたので、それが普通になったというのもあります。どれだけ自らの主観を排そうとしても、周囲の人に違った考え方の人がいないと簡単にはできない、そのことを痛感させられた出来事でした。

社会問題は可視化が大事

これまでにうちのお寺で式を挙げたＬＧＢＴのカップルは13組です。元々はＬＧＢＴの人を支援しようとして始めたわけではありません。うちのお寺で結婚式を始めたときに、その中の１組がたまたまスペインの同性婚のカップルだったというだけです。

私がアメリカから日本に帰ってきたとき、日本ではＬＧＢＴの問題は一切取り上げられていませんでした。最近になって、ＬＧＢＴに関する課題を考える議員連盟が発足したりしていますが、２００４年や２００５年の段階で、ＬＧＢＴについて言及している国会議員は誰もいませんでしたし、メディアでも何も報道されていませんでした。メディアで見るのは、ＬＧＢＴといってもいわゆる「オネエ系」がほとんどとで、またそのような方々のテレビ的なふるまいによって、むしろ多くの人がLGBTに対し誤解を持っていることもわかってきました。私は留学を通じLGBTの友人がたくさんできたこともあって、この問題について何かできることはないか、と漠然と思うようになりました。

そして、うちのお寺で行う結婚式のことを公表するのが重要ではないか、と思い至ったのです。お寺は、伝統的な存在であり、コンサバティブ（保守的）なものだと一般的には考えられています。そういうお寺がやることに意外性があるので、可視化されるだろうと考えました。それによってこの問題についての議論が膨らんでいくのではないかという期待もありました。

社会問題に対しては、まずは問題を可視化することが重要です。可視化されなければ、誰も気にしていないということになってしまいます。だからどちらに転んでもいいので、可視化されることが重要です。それによって公共の場でいろいろな議論が交わされるようになる。良い方向に進むこともあれば、反対に悪い方向に進むこともあるでしょう。けれどもこの問題については、世界の流れを見ても、良い方向にしか転ぶはずはないと思っていました。

同性婚については、仏教との矛盾をいろいろと言われることもあるので、仏教のことを調べてみたりもしました。たしかに小乗仏教には、同性愛者が出家者の集団に入ることを禁止する項目があります。小乗仏教では、「律」という、出家者に対する法律があります。「戒律」という言葉がありますよね。「戒」というのは戒めで、自分に対する戒めのことです。「律」というのは法律の律であり、公の場で守るべきことを言います。小乗仏教の「律」の中では、たしかに同性愛者や両性共有者は中に入れないと書いてあります。しかしそれは、元々出家者だけに対する法律です。

また仏教には「五戒」というのがあって、「殺さない」「盗まない」「嘘を言わない」「お酒を飲まない」「不純な性行為をしない」の五つです。この「不純な性行為をしない」ということを、同性愛を批判する根拠として持ってくる人がいます。けれども「不純な性行為をしない」というのは、強姦《ごうかん》や不倫など、相手を傷つける性行為をしないということに限られます。しかし同性愛の場合は、両方の人が愛し合っています。

また、同性愛の人は、小さい子どもを襲ったり、あるいは児童偏愛者だったりするというイメージがもたれていることも、残念ながらあります。しかし、それはそもそも間違っています。

他によく言われるのが、同性愛は性的倒錯だ、彼らは混乱しているのだという意見です。そういう人は、WHOが出している基準や、米国精神医学会が出しているDSM－5という基準を見てほしいと思います。DSMでは1973年に同性愛は性的倒錯から外されています。WHOの規定では1990年に同性愛は性的倒錯ではないとされています。日本でいまだに性的倒錯だと言っているのは科学的な態度でもありません。

先ほど言った小乗仏教の「律」というのは、修行の妨げになることをやめることを説いています。「精進料理」の「精進」などもそうです。菜食主義を採るのも、もともとは肉を食べると精がつき、それが修行者を惑わすからです。当初の仏教では、女性も出家者に入れてはいけないことになっていました。それも修行を乱すからです。

しかしそれは女性を差別する考え方です。修行に集中できるようにケアしていけば、別に問題はありません。

いまの日本社会には、同性愛に対する差別が存在しています。たしかに同性「婚」という概念は新しいので、ハードルは高いと思います。また、日本社会には文化的に受け入れられないという意見もあります。しかし明治以前まで、日本は同性愛者に対してもっと寛容な側面がありました。戦国時代の大名と小姓の関係などにも同性愛はよくありました。

このように、禅的な考え方をもってLGBTを考えたときに、かつての私と同じように、固定観念にとらわれている方が少なくないように思います。LGBTの方々の権利もそうですが、この問題を通して、いかに人が固定観念にとらわれているか、主観を排して考えることが大事かを伝えていければと思います。

宗教学は宗教を第三者の目線で見る学問

私は語学学校を出た後は、アリゾナ州立大学に正式に通い、そこで学び出しました。最初は心理学と経済学を勉強していました。心理学の授業以外に、宗教学の授業も少しとっていました。というのも、心理学の学部では、宗教学も必修だからです。

それで宗教学の授業をとっていたときに、9・11アメリカ同時多発テロが起きました。そのときに、攻撃を受けている国に自分がいるのを初めて自覚し、人間はとても脆《もろ》いのだと感じました。私の場合、アリゾナにいたので、現場の近くにいたわけではありませんが、大学がある場所は空港にとても近かったので、街自体にものすごい厳戒態勢が敷かれました。張り詰めた緊張状態になりました。今でも9・11の映像を見ると、あの時の緊張状態の記憶が蘇《よみがえ》ります。あれだけ人が死ぬのを初めて目の当たりにしましたし、国自体が一気に感情論で動かされていくことを現地で感じました。普段そんなことを言わない人たちも、愛国心を持ちアメリカ万歳になって、復讐心《ふくしゅうしん》が盛り上がっていったのです。そういった経験から、最終的には宗教学を学ぶようになったのです。

そうして宗教学を専攻する中で、宗教に対する見方が大きく変わってきました。一つは多くの宗教学者が、政府関係者のアドバイザーにもなっていたことです。宗教が、社会に与える影響の大きさに初めて気づきました。それまでは宗教を個人の生き方に関するものと考えていましたが、政治や経済といったより大きな枠組みに対して影響を与えるものだと認識が変わったのです。

宗教紛争についての授業でも、いろいろと学びました。宗教は、社会から独立して存在しているわけではなく、宗教自体も経済や社会に影響を与えるし、経済や社会も宗教に影響を与える。そういう相互作用が何回も何回も繰り返されることで宗教が今の形になってきたことを知ったのです。

宗教学は、日本ではあまり発達していません。宗教の授業はあっても、宗教学部は少ない。仏教学部や神学部はある程度あるのですが、仏教学や神学は、宗教の信者の目線で書くものです。西洋でも、神学と宗教学との違いは、神学は神が存在することが前提で書いてあるのに対し、宗教学は神が存在しないことを前提で書かれているという違いがあります。いわば宗教学は、神が存在しないことを前提に宗教について議論を進めていくための学問です。

つまり、宗教学は第三者の目線で宗教を見る手段を学ぶものです。私にとっては、それが後々重要になりました。禅についても自らの属する宗派についてもそうですが、日本の仏教を第三者の目線で見られるようになりました。第三者の目線で見ると、良いところも悪いところも出てきます。宗教を第三者の目線で見ることができるので、変えたり時代に合わせたりしたほうがいい部分が把握できて、改善しようと思うところが出てきます。宗教学を学んでいなければ、おそらく伝統的なやり方をそのまま教えていると思います。

たとえば禅を勉強すると、無意識に禅は正しいと思うようになりがちです。というのも禅の経典には、禅は素晴らしいということが書いてあるからです。けれどもそこにとらわれると、そもそも禅がどういうふうに発生してきたかを見なくなってしまいます。

宗教学の真髄は、宗教の歴史を学ぶことにあります。何が原因で禅が6世紀頃の中国に生まれたかや、仏教自体も、どういう経緯でヒンドゥー教の文化の社会の中で生まれたのかなどです。大乗仏教と小乗仏教に分かれて、だんだんいろいろなふうに変化していったのはなぜか。日本では、仏教が入ってきて、浄土真宗や浄土宗、日蓮宗などがどんどん生まれました。それぞれの宗教や宗派が生まれた社会的背景や経済的背景が見えてくるわけです。

それがわかってくると、今の社会に合った禅はどういうものなのかが見えてきます。現在の禅とあるべき禅の形には矛盾点が出てきたりして、そういうところを変えていこうと考えることができる。全部を一気に変えるのは無理だとしても、こういう見方もあると示すことぐらいはできます。仏教の、特に禅の教えは、固定概念を捨てなさいということです。それは先に述べた「仏殺」の話の通りです。固定概念を持っていると、自分たちを非常に視野の狭い人間にしてしまうし、頭がガチガチの人間にしてしまう。けれども禅は本来、すごく柔軟な自分、開放性を持った自分を作るものです。その点を今の人たちにどういうふうに伝えていけばいいのか。そこを考えるようになる。それで今の私の座禅会の形が徐々にできあがってきたのだと思います。

宗教家が意見を述べる必要性

90年代後半に海外にいて、目の当たりにしたことに、チベット解放運動があります。日本では皆無だったこの運動は、アメリカではいろいろな大学で起きていました。大学によっては、実際にチベット僧を呼んで、宗教の自由を説いているところも多くありました。

チベットの人たちは、別に独立という極端な動きをしようとはしていませんでした。逆に独立という極端なスローガンで動いてしまったのは、西側の、欧米の人間だと思います。私が近くで見ていたフリーチベット運動の人たちは、宗教の自由と人権を主張したように思います。

そういう運動を目にするうちに、アメリカも含め、世界では宗教家に発言力があることを知りました。いろいろなトピックに関して彼らの意見が求められるし、宗教家のほうでも社会の事柄に対して積極的に意見を述べようとする。LGBTの問題はもちろんですし、人権問題、宗教紛争、他にはアメリカの場合であれば、中絶の是非の問題などです。どこで生命の線を引くかということを考える際に、宗教が入ってきます。宗教家は政治的に力を持っていますし、社会的にも影響力がありました。

その反面、日本に戻ってくると、基本的にお坊さんがメディアに出てくることはほとんどありません。話しても個人の生き方についての言説がほとんどです。メディアの中で、宗教家が真正面から現実の社会の問題について話していることはきわめてまれです。

宗教家として意見を述べていくといっても、「宗教を代表して」ということになると難しくなってきます。むしろ宗教家が個人として、「私の意見はこうです」と、いろいろな考えがあっていいことを表現していくことが必要だと思います。誰かが言ったことが宗派の意見だと思われると一問着《ひともんちゃく》あることもあると思いますが、そこで「私の意見です」と言い切れるようなあり方であるべきです。それが表現の自由であり、信仰の自由でもあると思います。

これまで私が述べてきたことは、仏教徒でも、同じ宗派の人たちであっても、反感を持つ人もいると思います。しかし思うのは、個人の責任を持った発言を認めてこそ宗教なのではないかということです。極端な、犯罪的な行為や、人権を傷つけるような発言などは、もちろん宗教としても注意をすべきだと思います。けれどもそうでなければ、逆に多様性を認めていいのではないでしょうか。それが本来の仏教だと思いますし、宗教というものは多様性を認めるものだと思います。

たとえばさまざまな若い宗教家が発言していく場所も必要だと思います。逆に、長年修行をした高僧や老僧の方などは、若い宗教家が忘れている知恵を持っていますし、人生の経験がありますから、そういう方々に意見していただくのも重要だと思います。

宗教紛争は宗教自体が原因ではない

チベットの独立が絶対に必須《ひっす》かというと、チベットが独立してしまうと、ウイグルなどの他の地域も独立して、イラクのような内戦状態になりかねない。難民も来る。その意味では大声で騒ぐべき問題ではありません。中国は多民族国家なのを、中国共産党の圧政で無理やり抑えているようなものですから。あれだけ民族がいて宗教もあるので、思想を大きく強調しないと、統一ができないのです。あれだけ広大な国家を一つにまとめるのはそもそも無理がある。ただ、もう少し寛容性があってもうまくやれるのではないかと思います。

しかし今の段階では難しい。あれだけ弾圧されて圧力をかけつづけられたので、かけられた側は反発するしかありません。何もチベットだけの話ではありません。歴史を学べばイスラム王国やホラズム（中央アジア西部の地域）なども、十字軍が入ってきてからめちゃくちゃになってしまったのです。十字軍は「イェルサレム奪還」を掲げていましたが、オスマン帝国化において、ユダヤ教徒もキリスト教徒も共存して生活していました。その時にキリスト教の十字軍が「あいつらは悪だ」と言って一気に入ってきて、ユダヤ教徒や、キリスト教徒でも、ローマ・カトリック、ビザンチン系のカトリックではない者に対して殺戮《さつりく》が行われたのです。そういう歴史があります。

加えて述べると、宗教紛争というものは、宗教自体が直接の原因ではないと思います。むしろ元々何か、民族的な事柄などで紛争の原因がある。そして民族紛争の原因も、天然資源の問題など、何らかの実質的な利害関係が背後にはあるのです。たとえば、アフリカのルワンダは、元々ベルギー領で、戦後に民族紛争があった国です。ベルギー人が入ってくるまでは、ツチとフツという違う部族が部族間の境界もあいまいな状態で仲良くしていた。しかしベルギー人が入ってきて植民地化され、その時に鼻の高低や肌の色で部族の境界を勝手に決めてしまった。ツチのほうはベルギー人に非常に優遇された一方で、フツと少数派のトゥワは差別を受けた。ベルギーが引いた後、部族間で大きな貧富の差ができてしまい、それが民族紛争につながったのです。結局、民族紛争や宗教紛争の原因は、その多くが民族や宗教そのものではなく、そこにある貧富の差や天然資源の問題なのです。そういう問題がある中で、自分と他者の違いとして、宗教や民族が見《み》出《いだ》されていくわけです。

共感が重要だと幾度か述べていますが、共感も気をつけないと、諸刃《もろは》の剣です。人間はどうしても、自分と近い人間に対する共感のほうが高まってしまうのです。脳科学者で共感を研究している、MITのエミール・ブルーノという教授が、若い時にイスラエルとパレスチナの少年達を集めた二百数十人くらいのキャンプを行い、チームビルディングなど、国境を越えていろいろな活動をさせたことがありました。ただ最終日に、数人のイスラエル人とパレスチナ人がケンカしたときにそれが一気に爆発してしまって、何百人の大乱闘になってしまった。結局、共感は、自分と近い人間に対して非常に強く働きます。まるっきり自分と違う人間に対しては働きづらい一方で、自分と近い人間が何かやられているということが怒りの激しい共感を生んでしまい、反対側を攻撃してしまう。そこが共感の難しいところです。

感情に流される共感と慈悲の意味での共感は別々のものですが、脳の同じところが働きます。共感力が高くて、攻撃されている側の気持ちがわかる人でも、どうしても感情に流されてしまうことがあります。共感の重要性を言うときも、共感の中の慈悲という要素を強調する必要があります。怒りなどはなるべく避ける。そもそも避けることができるように自己認知力と自制心を鍛え、感情と自分とを一緒にしない訓練が必要です。「私は怒っている」と言ってしまうと、怒り＝自分、つまり怒りを持つことが、その瞬間の自分のアイデンティティとして立ち現われてしまいます。ただそこのところで少し考え方を変えると、自分の身体が怒りの感情に反応してイライラしている、頭がもやもやしている、そういうふうな理解の仕方ができるようになる。それができれば、感情と自分とを切り離すことができます。感情は単に自分の頭の中で起きている現象だと思えるようになると、もう少し第三者的な目線が持てるようになります。

したがって共感に際しても、感情のコントロールや、第三者の目線で見ることが非常に重要です。現在世界を騒がせているＩＳには各国からいろいろな人が集まって原理主義的な行動を繰り返していますが、既に指摘されているように、参加者たちには社会に対する何らかの不安が元々あるのです。その状況で、ＩＳのビデオなどが解放点になってしまっているのです。

シャルリー・エブド襲撃事件についても、元々フランスでチュニジア系などの移民が虐げられているという状況がありました。その鬱屈《うっくつ》がずっと溜まっていて、それが爆発してしまったという面があります。そういうことを探っていくと、宗教の教義自体が紛争の直接の原因とは限らないのです。

シャルリー・エブド襲撃事件についてローマ教皇が言ったこと

宗教家が現実の社会的な問題について発言できるような土壌が、日本ではまだ確立していません。話をするにしても、メディアが宗教をどう扱っていいのかをわかっていませんし、宗教家の側も、普段そのような問題についての意見を聞かれることがないので、おそらく慣れていません。ただ、これからの社会のあり方や、共感、人間的な価値観、人間というものはどういうものか、などの根本的な話をする際に、宗教はどうしても欠かせないと思います。

宗教という形に限りませんが、人間の信仰を扱う、その人の信じるものを大切にするために、どういった他者とのかかわり方が必要なのか、今後ますます問われていくことになります。何かを信じるということは、人間としても重要なことです。「自分は無神論者です」と言う人間でも、その人をコントロールしている何かがある。何かを信じるということは、自分とは違う、神様、運命、仏といったものを信じることです。信仰は精神の健康を保つ上でも非常に重要です。何かを信じなければ、人間は個人で責任を100％背負ってしまうことになります。そのうちの何％かを、信仰している対象のものがかついでくれれば、人間の精神は楽になります。

ただ、その比率が問題です。自分で管理すべき責任と、自分より上の何かの自分に対する責任の、割合が重要です。たとえば宗教に強くのめり込んでしまう人は、自分より上の何かの存在の割合のほうが高くなっていると思います。70％や80％、下手をすると100％の人もいる。

反対に、無宗教だと言っている人でも、5％か10％は自分より上の何かに責任を預けている部分があると思います。100％自分で責任を負うのは、人間としてかなりしんどい生き方になる、だから宗教というものが存在するのだと言う宗教学者も多くいますが、私も個人的にそれに賛成です。現代においても実は宗教は社会に対してかなりの影響力を持っています。善悪の価値判断など、人間が気付かないところでベースには宗教があります。

だからこそ、社会的な問題に対して宗教家も発言していくべきだと思います。たしかにいわゆる「地雷」はいっぱいあります。しかし発言をすることで地雷が爆発してしまったとしても、それが発言の自由ということであり、そこで責任の取れる人間を育てていかないといけないのです。その責任が取れる人間が、宗教家にも必要になってくると思います。

その意味で私は宗教家として、現在のローマ教皇を尊敬しています。シャルリー・エブド襲撃事件についても、フランシスコ教皇は自らの立場をはっきりと表明しました。「神の名の下に殺人を犯すなど常軌を逸している」、しかし「挑発してはならないし、他の人の信仰を侮辱してはならない」と。表現の自由の名の下に、表現の自由を人を傷つけるための道具にしてはならないと彼は述べました。その発言に対して異論も噴出しましたが、彼は名前を出して、責任を持って発言したのです。

そういうことは日本の宗教家にも必要だと思います。人権問題や、二元論などの思想や哲学的なこと、人間の本質についてなどは、宗教が突き詰めて考えてきた分野であり、宗教家が発言していく話題だと思っています。

これからの日本の役割は、第三者の目線を示すこと

私がLGBT問題と並んで関心を持って行動を続けている問題に、チベット問題があります。春光院の門前にチベットの旗を掲げたのは、北京《ペキン》オリンピックが開催される直前の、チベット動乱があった2008年です。チベット動乱が起きたときに、私は語学学校で知り合ったフリーチベットの運動家がいたこともあって、世界中でデモをやっている状況を逐次耳にしていました。一方、日本では全くと言っていいほど反応がありませんでした。中国という隣の国で起こっている問題でもあるし、チベットの人達は同じ仏教徒だし、自分と同じ教えを信じている人達が弾圧されるのは問題ではないかと思いました。

私自身はこういった問題に対し、相手を非難するのではなく、まずは「みんなが見ているのだ」ということを示して、問題への関心を提起することが、一番必要だと感じました。相手を糾弾すると、逆に向こうも感情的になって、躍起になって弁護もしてくる

し、実はチベットの人達はこうなのだと反論してくると思います。

そして春光院の門前にチベットの旗を揚げました。旗を揚げて気付いたのは、日本人はチベットの旗を知らないということです。しかし旗を揚げたのは、日本人にもっと世界に対して興味を持ってもらいたいという意図もありました。

私がチベットの旗を掲げているのは、「抵抗」ではありません。あくまでも、きちんと見ている、ということを示すということです。抵抗というと、敵を作ってしまうということですから。むしろきちんと状況把握を続けていますよというメッセージです。そこで感情的になって街中でデモンストレーションをしても、中国が躍起になるだけだという側面があります。ダライ・ラマは、中国政府からの独立ということは言っていません。彼が主張しているのは、宗教の自由や文化の継続を認めてほしいということです。そういうソフトな内容なのです。彼は中国政府を非難するのではなく、相互理解という方針で進めていっています。だからそこをうまくやるために、状況を把握してそれを知らせることが重要なのです。みんなが知ることで、問題はより可視化され、その後の対応を考えることができる。相手を刺激せずに、解決策をどんどん提示していくことが重要だと思います。

日本の場合、人権問題は諸刃の剣です。第二次世界大戦における人権問題がいまだ議論の俎上に載せられつづけており、歴史認識問題として諸刃の剣として降りかかってくる可能性があるため、政府からの発言は聞かれません。チベット問題に介入しないのも、それが原因なのかもしれません。ただ、前の世代がそうだったからといって、私たちの世代が何も言えないのはおかしな話です。チベットがこういう状況なのはきちんと把握している、その上で現実的な問題も見ている、こうした立場は発信すべきだと思います。逆に私たちのような第三者の人間だからこそ、より原理的な問題を見やすい立場にあるのだとも思います。無我により近い立場から中道を探していく。中東問題でもしかり、日本の将来なのだと思います。第三者の目線で話せる。両方に対して感情的にならずに両方をつなげていける立場になっていければいいと思います。

ＬＧＢＴ問題と同じで、やはり問題を可視化することが重要です。可視化させて議論を進展させない限り、日本人は、自分が当事者でなければあまり興味を持ちません。ただ、日本の外のことについて、当事者ではないからこそ感情的にならずに言えることがあります。そういうところを突き詰めていくのもいいのではないかと私は思います。それがある意味では今後の日本の役割です。世界の中での日本の立場を考えたときに、二元論の極論が発達しにくい国だったわけですから、その面で良いところがあった。そこのところで、日本が世界の動勢に関しても発言していけるような国になっていければいいと思います。

死が生活から消えたことの影響

最後に、日本において今後宗教がどのような役割を果たすべきかについて述べたいと思います。

現代では、人の死が私たちの生活の周りからなくなってしまいました。昔は、人は家で死にましたし、近所のおじいさんおばあさんが死んで、葬式を家でやることもありました。しかし今は、ほとんどの人が病院で最期を迎え、葬式は葬儀ホールで行います。昔は、古い集落などでは、お葬式は集落全体のものであり、みんなが出向いて、亡くなった方の遺族を手伝って、お葬式を行っていました。ある程度の規模の集落であれば、それが年に何回かあるわけです。それを通じて人が死ぬということがわかったのです。人間は無常なのだ、いつかは死ぬのだということを感覚的に理解します。

けれども今は核家族化が進んでいて、お年寄りと一緒に住んでいない世帯が大多数です。そのため、お年寄りの痛みがわからない人が少なくないように思います。電車の中で優先席に平気で座って、自分のカバンを横に置いて、お年寄りが立っているのに席を譲らない学生は、おそらく自分のおじいさんおばあさんと長く暮らしたことがないのだろうと思います。自分のおじいさんおばあさんを知っていて、電車の中でお年寄りを見たときに、「この人は自分のおじいさんおばあさんと一緒で、立っているのがしんどいのだな」とか「歩けないのは腰が痛いからだろうな」と気づけば、席を譲ろうと思う気持ちが自然と生まれるようになります。核家族化されてしまって、今はそういった感情が自然と育《はぐく》まれる環境が失われています。

お葬式にしても、葬儀ホールへは家を代表して誰かが行くという形が多く、子どもの時は、自分の親戚などが死なない限りは死を直視することがありません。生老病死を身近で感じていないことは、自己認知の問題、つまり自らの生に関する現実的な将来像を描けないことにもつながります。今が永久に続いて行くという錯覚を持ってしまってないか、その結果、将来に対する計画性がなくなってしまっていないかと思わされる方も少なくありません。実際には、自分の人生には限りがあるし、20代と同じことを40代になってもできると考えるのは錯覚です。しかしながら、そうした誤った認識が引き金となった痛ましい事件も起きているように見えます。私たち宗教家は、本来生老病死のリアルと、そういったものをいかに考えるかを伝えることが仕事であり、もっと発言していかなくてはならないと、最近の事件を見ていて特に感じています。

共感を育むコミュニティの重要性

以前、インターネット上で、電車にベビーカーを引いて乗るのは迷惑だ、という意見が話題になりました。子どもを産んで育てたお母さんには、ベビーカーを引いて電車に乗っている人の気持ちがわかります。子どもを育てたことがない若い人には理解するのが難しく、迷惑だと思ってしまうのかもしれません。あるいはベビーカーを使っていなかったより上の世代の人たちからも反発があったように思います。

結局この問題は、社会の中で個人がばらばらとなって生きていて、コミュニティとのつながりが希薄であるという問題に戻ります。共感といっても、自らが理解していない人に対して共感はできません。昔は多彩な人間が周りに住んでいて、日常の生活の中に生があり病気があり死があり、そういったものがコミュニティの中で常に起きていたのが、現在はそのような場はきわめて少なくなっています。自分の家から出勤して、電車に乗って、会社に行って、戻ってきて、家で寝て次の朝を迎える。隣に住んでいる人は何をしている人かわからない。町内会やマンションの組合会のようなものにも出ない、あるいは親に出てもらっているなどということになると、自分たちが暮らしている小さな世界ですら、まるっきりわかりません。共感力は想像力だけでなく、自ら経験しないとわからない部分もあるので、その人自身のコミュニティとのつながりが問われてくるのです。

仏教では「四苦八苦」という言葉がありますが、現代人はそれが果たしてどのような苦しみを意味しているのか、知らないまま生きてしまっている人が少なくないように思います。昔は人間が苦しむ様子を間近で見て、「こんなに苦しんで亡くなるのか」などと感じ、私たちは共感力を自然に学んでいました。

今はそのような機会が少なくなっています。そういう社会で育つと、たとえば医師になろうとする人は、患者さんの苦しみを根本でなかなか理解できず困ることになります。以前、医者と陶芸家は似ているという話を聞いたことがあります。陶芸家は、自分から意図して作ろうと思ってもできないそうです。むしろ、ろくろを回して、土が形になろうとするのを手伝ってあげる、そういう感覚を身につけないと、いい作品は生まれないといいます。医者も同じで、自分たちが能動的に何かを行い病気を治すのではなく、患者さんの治癒しようとする身体と心のサポートをするという意識が大切です。だから、人の気持ちがわからないと治療がうまくいかないのです。

人のつながりが失われているという現代日本の課題に対し、お寺はその解決に貢献すべきであると考えています。

そもそもお寺はコミュニティを再構築するのに良い場所なのです。檀家さんとのつながりをうまく作っていくと、地域コミュニティが再生していくし、さらに近所の人が入ってきて、新しい人の輪が生まれることも多々あります。さらには幼稚園や保育園を営んでいるお寺もたくさんあります。そういった場所にいると、新しい生の息吹から老いや病、死まで、人の営みのすべてを見ることができる可能性があります。

共感こそが人間の幸せを生む

そして、そうやって育まれた共感力を持った人々が人間社会全体の幸せをつくります。ドーパミン的な行動――やりたいことをやる、食べたい物を食べる――は人間に大きな喜びを与えてくれます。多くの人にとってはその意味での自分の幸せがいちばん重要かもしれません。しかし、実際は、人を幸せにすること以上に人間を幸せにすることはありません。このことは科学でも証明されています。

例えば、ブリティッシュコロンビア大学のエリザベス・ダン教授とハーバードビジネススクールのマイケル・ノートン教授の実験では、自分のためにお金を使っても幸せは感じないが、他人のためにお金を使うことによって幸せを感じることができるということが明らかにされました。人間は社会的動物であるからこそ、社会貢献を自発的に行うような回路が進化の中でできあがっているのです。共感力を鍛えることによって、他人を幸せにすることができる。そして他人を幸せにすることは、巡り巡って自分にも還《かえ》ってくる。「情けは人のためならず」なのです。

だからこそ、共感力を育む機会をいかに作るかが重要になります。たとえば町内会のお出かけのときに、近所のおばあさんが横断歩道を渡るのを助けてあげることで、「ありがとう」と言われる。小さい頃にそういうことを経験していれば、大人になってからも、社会で必要とされていることに敏感になります。共感力が高いというのは、周りの人間が何を感じているかが理解できるということですから。「誰かのために」ということを意識して生活することで、より広い視野で世の中を見ることができるようになるのです。

また、共感力は、いまからでも高めることができます。東日本大震災の後に、いわゆる引きこもり状態にあった人たちが、震災ボランティアを経験して、社会に復帰したという話がありました。おそらく、そのような人たちは、社会の中で役割を果たすことの喜びを知ったのだと思います。それは人を助けて、人を幸せにする喜びです。今までは自分の趣味ややりたいことを1日やっているという生活だったのかもしれません。ただ人を助けて、人が幸せになったときの喜びのほうがより満足できることを知った。それを感じたことで、社会復帰できたのだと思います。

企業経営のあり方も変わってきました。ここ10年ほどで、CSR（企業の社会的責任）ということが盛んに言われるようになりました。それはやはり、今までのように儲《もう》ける巨大企業はすごいという時代が終わりつつあるからです。そういう態度では社会の賛同も呼ばないし、優秀な人間も入ってこないし、消費者に選んでもらえない時代になりました。だからこそ、企業も社会貢献を掲げ、共感力の高い社員を求め、育てようという意識に変わってきました。そういう大きな動きが生まれはじめています。

長期的には社会全体がそのように変わっていくと思います。一人ひとりの人間が、共感力や自己認知力の重要性を理解することで、社会を良い方向に動かすことができる。私自身もそのことを信じて活動しています。

禅の教室、いかがだったでしょうか？

最後に改めてお伝えしたいのは、禅には現代社会を覆う行き詰まりを越えるヒントがあるということです。

現代の人は物事を二元論で考えやすい傾向があります。二元論は、世の中のことをきわめて簡略化した見方です。現実にはいろいろな側面があるのに、善悪や有益無益で分ける。そのほうが時間もエネルギーも節約できるので、特に情報化社会に生きる現代人は、どうしてもそういう見方をしやすい傾向にあります。とりわけ西洋の方にはそうした傾向が強くあります。西洋文化の基にあるキリスト教やユダヤ教が二元論の世界観を持っていますし、近代以降は実践主義の考え方で発展してきたからです。

ですが、そのような社会においては、善いものをどんどん追求して選択していくなかで、結局それが本当に善いものだったのか、それ自体を評価する尺度が失われてしまうという矛盾を抱えていました。二元論や実践主義の行き詰まりを越えていくには、そういったことに気付くことが重要になってきます。そうなると、仏教的な考え方は西洋的な社会に生きる人に対しても意義を持ちます。

しかし、その考え方を、「仏教ではこうです」と宗教的な話し方で説明をするだけでは、育った文化が違う方々に納得していただくことはできません。欧米の人に、「古代ギリシャ哲学にも、主観的な物の見方にとらわれないようにしよう、という考え方はあったのではないでしょうか」という話をすると、仏教に特別な、エキゾチックなイメージを持っている人たちにも、元々自分たちの考え方の中にある思想と同じことを言っているんだな、と気付いてもらうことができます。

そのような経緯で、私の座禅会は日常的な例を織り交ぜて話していく形に変わっていきました。そして、座禅会を続けるうちに、心理学者や脳科学者などにも訪れていただけるようになり、さまざまな知見をいただけるようになりました。海外の心理学者や脳科学者と話していると、宗教のことは宗教だけで話していてもうまくいかないということをより強く感じます。いろいろな角度から物事を見ることが必要なのです。

私が所属する宗派の臨済宗には公案というものがあります。いわゆる禅問答です。これは、自分の固定概念を外して、自分とは違う立場で物事を柔軟に見ることができるようになるための練習でもあります。

本書では、座禅・瞑想《めいそう》がマインドフルネスという形で流行していることや、さらに禅そのものの考え方にも注目が集まっている状況に始まり、今の日本人には馴染《なじ》みのない仏教や禅の根源的な話や、私が禅的な考え方で取り組んでいる社会活動までをご紹介してきました。

通常このような本では、「禅がいかに役に立つか」ということを紹介することに終始しますが、そうした実践主義的な立場を超えるよう、あえて禅をめぐるいろいろな話を紹介し、禅や仏教をめぐっての「禅問答」にもなることを目指しました。

禅には生活の質を高め、かつ今の世の中の行き詰まりを乗り越えるヒントがある。けれども、禅は本来有益無益といった考えでとらえるべきものではない――そうしたことが伝わればうれしく思っています。

最後になりましたが、本書の出版に関してお世話になった皆様にこの場を借りて感謝を述べさせていただきます。まずは、本書を読みやすい形でまとめていただいた櫻井《さくらい》拓《ひろし》さん、装丁の舘山一大《たてやまかずひろ》さん、誠にありがとうございました。

マインドフルネスを縁にできた仲間にも感謝を。本書でもご協力をいただいている予防医学研究者の石川善樹さん、ＳＩＹＬＩのマーク・レッサーさん、一般社団法人マインドフルリーダシップインスティテュートの木蔵《ぼくら》シャフェ君子《きみこ》さん、映画「happy-しあわせを探すあなたへ」のプロデューサーであり、ＳＩＹの認定講師でもある清水《しみず》ハン栄治《えいじ》さんとはお話しをさせていただくたびに、多くの刺激を受けております。

企業向けのマインドフルネスセミナーを一緒に行わせていただいているCampus for Hの米倉章夫さん、西本真寛《にしもとまさひろ》さん、花岡彩《はなおかあや》さん、トータルリハビリテーションセンターの友広隆行さんには多くを学ばせていただいております。

日本、そして世界にマインドフルネスをさらに広めていくためのスマートフォン・アプリMYALOの開発・運営ではCampus for Hの皆様をはじめ、あすかアセットマネジメントの谷家衛《たにやまもる》さん、澤邊芳明《さわべよしあき》さんをはじめとするワン・トゥー・テン・デザインの皆様や、深田浩嗣《ふかだこうじ》さんをはじめとするSprocketの皆様、本当にお世話になりました。ありがとうございます。

さらに石川さんや米倉さんとのご縁を繋いでくださったグーグルの山本康正《やまもとやすまさ》さん、この出会いがなければ、本書もマインドフルネスに対する取り組みもありませんでした。

また頼りない上司を支えてくれている春光院の寺務員の林七瀬《はやしななせ》さんや伊藤琢斗《いとうたくと》さんをはじめ多くのお世話になった方々をここで挙げさせていただきたいのですが、それだけで本一冊分になってしまいそうなので、お礼を申し上げるのみとさせていただきます。

最後になりましたが、常に私を信じてくれている両親と、毎日生きることの喜びと「今ここに」の大切さを教えてくれる妻のヒラリーと娘にはただただ感謝の気持ちでいっぱいです。改めてこの場を借りて、「ありがとう！」と伝えさせていただきます。

二〇一六年春　　川上全龍

川上全龍（かわかみ　ぜんりゅう）
妙心寺春光院副住職、マインドフルネス講師。2004年米国アリゾナ州立大学・宗教学科卒業。06年に春光院にて訪日観光客を対象に英語での座禅会をはじめる。08年より米日財団日米リーダーシップ・プログラムのメンバー。12年よりトヨタ自動車にておもてなし研修の講師を務める。現在ではハーバード、MITなどのビジネススクールの学生、グローバル企業のCEOを含む年5000人に禅の指導を行うほか、春光院での同性婚支援など、LGBT問題にも取り組んでいる。

世界中《せかいじゅう》のトップエリートが集《つど》う禅《ぜん》の教室《きようしつ》

2016年3月30日　初版発行

著者／川上全龍《かわかみぜんりゅう》

協力／石川善樹《いしかわよしき》

発行者／郡司 聡

発行／株式会社KADOKAWA
東京都千代田区富士見2-13-3　〒102-8177
電話　0570-002-301（カスタマーサポート・ナビダイヤル）
受付時間　9:00～17:00（土日 祝日 年末年始を除く）
http://www.kadokawa.co.jp/

印刷所／図書印刷株式会社

製本所／図書印刷株式会社

ISBN 978-4-04-103276-3　C0095